KB031205

대화란 무엇인가

On Dialogue

ON DIALOGUE

Copyright©1996 by David Bohm
All rights reserved.
Authorized translation from the English language edition published by Routledge, a member of the Taylor & Francis Group

Korean translation copyright©2021 by EIJI21
Korean translation rights arranged with Taylor & Francis Group
through EYA(Eric Yang Agency)

이 책의 한국어판 저작권은 EYA(Eric Yang Agency)를 통해 Taylor & Francis Group사와 독점 계약한 (주)에이지이십일이 소유합니다. 저작권법에 의하여 한국 내에서 보호를 받는 저작물이므로 무단 전재 및 복제를 금합니다.

※ 이 책은 2011년에 발행된 〈창조적 대화론〉을 재출간한 것입니다. 본문 내용을 다듬고 제목을 바꿔 달아 보다 이해가 쉽도록 만들었습니다.

대화란 무엇인가

갈등과 대립을 넘어 공생을추구하는 지속가능한 변화의 시작점

데이비드 봄 지음 | 강혜정 옮김

On Dialogue

에이지21

우리에게 진정 필요한 것은 사랑이라고들 한다.

보편적인 사랑이라는 것이 있다면 모든 것이 뜻대로 잘되겠지만

아무래도 그런 것이 있는 성부르지 않다.

그러므로 우리는 다른 효과적인 방법을 찾아야 한다.

_ 데이비드 봄

Contents

내가 이 책을 접한 것은 1990년대 중반 미국에서 '학습 조직'에 관한 박사 학위 논문을 준비할 때였다. 당시 직감적으로 나는 저자가 주장하는 '다이얼로그'라는 새로운 의사소통 능력이야말로 이상적인 조직과 사회를 만들어 가는 핵심 매개체가 아닌가 생각했다. 우리 사회가 직면하고 있는 풀기 어려운 난제들은 결국 집단 내, 또는 집단 간의 생각의 차이와 그에 따른 감정적 대립에 기인한다고 볼 수 있다. 진정한 대화, 즉 다이얼로그dialogue라는 영어 단어에서도 알 수 있듯이 'dia(관통)'+'logue(의미)', 즉 상호 간에 의미가 관통되어 공감이 일어나는 과정이 형성된다면 우리 사회가 직면하고 있는 여러 문제를 치유할 수 있을 것이다.

데이비드 봄은 양자역학의 태두 중의 한 사람이다. 그는 맨해튼 프로젝트의 리더인 오펜하이머의 제자로, 한때 아인슈타인 박사와 함께 연구한 적도 있다. 뿐만 아니라 뉴사이언스의 주도자이기도 했다. 1992년 75세로 죽을 때까지 자연과학 분야뿐 아니라 철학, 심리학, 환경학, 종교학 등 다양한 학문에 영향을 미쳤다.

이 책은 그가 사상가로서 평생 고민한 '대화'에 대해서 다룬다.

"대화란 무엇인가?"

새삼스레 이렇게 질문을 받으면 대화의 정확한 의미를 모르고 있다는 것에 많은 사람이 동감할 것이다. 사람과 사람을 이어주는 이 행위는 인류 출현 이래 끊임없이 계속되고 있다. '대화법을 가르친다'는 책은 시중에 무수히 많다. 그러나 대부분의 책이 잔재주를 부리거나 단순한 방법을 알려주는 식으로 대화의 본질과는 거리가 멀다. 이 책은 양자역학자인 데이비드 봄이 통찰한 대화의 원점을 말한다.

그에 의하면 대화란 '상대를 설득하는 것이 아니라 공통 이해를 찾아내는 행위'라고 한다. 이 지구상의 다양한 문제의 근원은 적절하지 않은 대화가 만들어낸 현상이라고 그는 주장한다. 의지의 소통 부재가 테러리스트를 양산하고, 정치 대립을 일으키고, 전쟁을 야기하고, 환경 문제의 주범이 되고 있다고. 인류가 안고 있는 모든 문제는 대화가 곤란에 곳에 원인이 있다는 지적에는 놀랄 만하다.

왜 진실을 추구하는 과학이 대량 살상무기를 생산하고, 인간의 생활을 향상시키기 위한 기술이 환경을 파괴하는 지경에 이르렀을까. 서문에서 피터 센게가 이야기했듯이 거칠고 성긴 우리의 정신세계로는 미립자처럼 곱고 섬세한 데이비드 봄의 통찰을 온전히 수용할 수 없을 것이다. 하지만 이 책을 통해 우리 사회, 국가, 지구 전체가 대화를 통해 공존하고 조금이나마 더 나은 세상이 되었으면 하는 바람이다.

부산대학교 교육학과

박수홍 교수

이 책은 데이비드 봄이 간단히 대화Dialogue라고 언급한 과정을 가장 포괄적으로 설명한 문헌으로, 같은 제목으로 나온 소책자를 수정하고 한층 발전시킨 것이다. 대화 참여에 관심을 가진 이들을 위한 실용적인 지침서이면서 동시에 봄의 '대화 중심 세계관'의 의미를 심층적으로 연구하려는 이들에게 이론적인 토대를 마련하고자 발간했다. 행위로서의 대화는 문명 자체만큼이나 오랜 역사를 갖고 있다. 하지만 대화라는 단어를 놓고 다양한 훈련, 기법, 정의가 논의되기 시작한 것은 최근의 일이다. 다양한 방법론 중에 어느 하나가 '올바른' 관점이라고 단정하기는 어렵다. 하지만 이들 다양한 관점을 이해하고, 각각의 의도를 명확히 밝히는 것은 분명 가능하다. 이런 작업의 일환으로 이 책에서는 이 분야에서 데이비드 봄의 업적이 갖는 근본적인 의미와 목적은 물론 그만의 특성을 분명하게 밝혀보고자 한다.

봄이 생각한 대로 대화는 단순히 회화 형식의 말투나 용어를 써서 의사를 교환한다는 전통적인 개념을 훨씬 넘어서는 다면적인 과정이다. 그에게 있어서 대화는 매우 넓은 범주의 인간 경험을 탐험하는 과정으로, 인간이 확고하게 지지하는 가치, 감정의 본질과 강도, 사고 과정의 유형, 기억의 기능, 전해오는 문화적 통념의 의미, 순간순간의 경험을 체계화하는 신경생리학적 현상 등이 모두 탐구의 대상이 된다. 이 책을 통해 살펴보는 가장 중요한 논점으로 사고thought를 들 수 있다. 봄은 사고를 본질적으로 한계를 가진 전달 매체로 간주하고, 집단적인 수준에서 사고가 생기고 유지되는 방식을 탐구한다. 이런 탐구는 필연적으로 문화, 의미, 정체성에서 인간이 갖고 있는 확고한 가정에 대한 의문으로 이어진다. 그러므로 가장 심층적인 의미에서 대화는 '인간이란 어떤 존재인가'에 대한 종래의 정의가 적절한가를 판단하고, 인간성을 제고할 방안을 함께 모색해야 한다고 촉구하는 일종의 제안이다.

이론물리학자로 활동하는 내내 봄은 과학이 '진리'를 추구한다는 주장에도 불구하고 개인의 야망, 특정 이론을 지키려는 고집, 전통의 압박 등에 영향을 받는 경우가 많다는 사실을 항상 명심했다. 이 모든 것이 과학이 진리 추구라는 공동의 목표 달성에 창조적으로 참여하는 것을 방해하고 있음을 그는 잘 알았던 것이다. 이런 관찰에 근거하여 봄은 대다수 일반인이 의도와 행동이 모순되는 유사한 함정에 빠진다는 사실을 자주 언급했다. 봄은 이런 모순이 과학의 성과에 악영향을 끼칠 뿐만 아니라 온갖 형태의 사회적, 개인적 파편화fragmentation로 이어진다고 생각했다. 봄의 관점에서 보면 그런 파편화는 문화적, 지리적 분열에까지 영향을 미치며 사람들이 그런 풍토를 당연하게 생각할 만큼 사회 전체에 만연해 있다.

'파편화'의 의미를 명확하게 보여주기 위해서 봄은 자주 산산조각이 난 시계를 예로 들었다. 이때 부서진 조각, 즉 파편은 시계 조립에 필요한 부품part과는 완전히 다르다. 부품들은 서로 불가분의 관계를 맺으며 전체로 기능한다. 반면에 파편은 서로 근본적인 연결을 유지하고 있지 않다. 마찬가지로 우리의 일반적인 사고 과정은 세상을 파편화된 방식으로 인지하는 경향이 있다. 봄의 표현을 빌자면 이렇다. "사실은 분리되어 있지 않은 것을 산산이 부수면서." 이처럼 파편화된 인식 때문에 사회질서를 유지하려는 노력이 원칙적으로는 성공하고 있는데도 근본적으로 서로 반목하고 대립하는 국가, 경제, 종교, 가치 체계, '자아들'의 세계가 탄생한다고 봄은 말한다. 그러므로 봄이 강조하는 대화의 주된 목적 중에 하나가 이런 파편화 움직임을 조명하는 것이다. 봄은 이런 현상을 이론적으로뿐만 아니라 경험에 기초한 구체적인 과정으로도 세심하게 분석하고 조명해야 한다고 주장했다.

피상적으로 보면 봄이 말하는 대화는 비교적 단순한 활동이다. 열다섯에서 사십 명 정도로 구성된 그룹이 자발적으로 모인다. 봄이 권장하는 인원수는 다양했다. 초기에 대화 과정의 기본 사항을 명확히 하고 나면 집단은 어떤 방향으로 계속해야 하는가 하는 문제에 직면한다. 미리 정한 의제 없이 모였기 때문에 하나 혹은 몇몇 적합한 화제를 정하기까지는 시간이 걸릴 테고 그런 과정에서 불만이나 좌절을 느끼는 경우도 있을 것이다. 이런 초기 단계에 퍼실리테이터 facilitator(워크숍이나 회의처럼 여러 사람이 참여하는 행사에서 참가자가 효과적으로 목적을 달성하도록 과정을 설계하고 참여를 유도하여 진행을 돕고 양질의 결과물을 만들어내도록 돕는 역할을 하는 사람-옮긴이)가 도움이 될 수 있다. 하지만 퍼실리테이터는 가능한 빨리 역할을 그만두고 집단이 알아서 방향을 정하도록 해야 한다. 과거의 경험을 보면 그런 집단이 계속해서 정규적으로 모임을 가지면 그날그날의 화제와 무관하게 종래의 사회적 관습은 옮어지고, 구성원들 사이에 차이점이 드러나기 시작한다. 대화의 핵심에는 대립하는 가치관들 사이에 드러나는 갈등이 있다. 참가자가 이를 통해 개인적인 가정assumption은 물론 집단 전체에 영향을 미치는 여러 가정을 인식하고 깨닫게 되기 때문이다. 개인 혹은 집단의 가정이 가지는 영향력을 인지하고 바이러스처럼 퍼져나가는 속성에 주의를 기울이면, 우리의 많은 사고 과정이 사실은 무척 단편적이고 자기 파괴적이라는 사실을 이해하게 된다. 그런 상황을 이해하면 자신의 가정과 의견을 고수하려는 자기방어적인 태도가 사라지고 집단 내에 자연스러운 친밀감과 유대감이 스며든다.

겉만 번지르르한 상투적인 설명이라고 생각되는가? 사실 그런 측면이 없지 않다. 세계의 다양한 지역과 사람들의 축적된 경험을 보면 이런 식의 대화 전개는 분명 가능하다. 하지만 대화를 시작하기만 하면 무조건 보장되는 결과는 아니다. 특정 대화 집단이 A지점에서 B지점으로 일직선으로 움직이는 경우는 드물다. 그들의 움직임은 오히려 전형적인 순환 구조에 가깝다. 예기치 않은 역동적인 변화가 수반되고 좌절, 권태, 동요 등이 끊이지 않고 계속된다. 그런 때조차도 대화가 갖는 창조의 가능성, 의식의 심층 구조를 드러내는 능력은 참가자가 진지한 태도로 지속적으로 대화에 임하느냐에 달려 있다. 그런 대화에서 자신이 어떤 가정을 가지고 어떻게 반응하며, 자신의 가정과 반응이 갖는 미묘한 함의가 무엇인가를 파악하려면 상당한 주의가 요구된다. 집단 전체가 어떤 가정을 보이고 어떻게 반응하며, 그것이 갖는 함의가 무엇인가를 파악하는 것 또한 마찬가지다. 봄은 그런 주의, 즉 의식은 축적된 지식이나 기술의 문제가 아니며 대화에서 드러나는 문제점을 '바로잡으려는' 목적을 갖고 있는 것도 아니라고 강조했다. 오히려 이는 편안하고 중립적인 호기심에 가까우며, 가능한 새로운 시각에서 명확하게 사물을 바라보는 상태를 유지하는 자체가 주된 목적이자 활동이다. 실용성을 목적으로 하는 대화에서는 간과되기 쉬운 이런 주의력을 키우는 것이 봄의 접근법의 핵심 요소다.

인간 사고의 '비일관성'이라는 문제는 다루기가 이만저만 까다로운 문제가 아니다. 하지만 봄은 여기에 지속적으로 관심을 가졌고, 같은 견해를 가진 다양한 사람과 공동으로 연구하고 실험을 진행했다.

이처럼 봄의 견해를 공유하면서 공동 연구에 참가한 사람 중에 특히 눈길을 끄는 인물로 인도의 교육자이자 철학자인 지두 크리슈나무르티를 들 수 있다. 특히 두 가지 주제가 그들의 공통 관심사였는데 봄의 '대화론'에 추가로 등장한다. 하나는 사고와 관련된 문제가 개인적이지 않고 근본적으로 집단적일 가능성이었고, 다른 하나는 '관찰자와 피관찰자(관찰 대상)'의 역설이었다. 이 두 가지 문제는 자기성찰과 자기개선이라는 전통적인 방법만으로는 정신의 진정한 본질을 이해할 수 없음을 암시한다.

봄은 또한 영국의 정신과 의사 패트릭 드 메르Patrick de Mare와 함께 커뮤니케이션과 대화의 본질을 연구했다. 드 메르는 특히 집단 중심의 연구를 진행했는데, 관련된 개념들 중에 두 가지가 봄의 '대화론'에 한층 발전된 형태로 등장한다. '비개인적인 유대감impersonal fellowship'이라는 개념은 집단의 구성원이 개인적인 배경을 폭넓게 공유하지 않아도 집단 상황에서 진정한 의미의 상호신뢰와 개방적인 태도가 형성될 수 있음을 보여준다. '미시 문화microculture(소문화)' 이론은 20명 혹은 그 이상으로 이루어진 집단 안에 전체 문화의 표본

이랄 수 있는 것이 존재할 수 있기 때문에 소규모 집단 안에서 문화 전체를 대표하는 다양한 견해와 가치 체계를 볼 수 있다는 개념이다.

봄은 이런 연구에 지속적으로 관여하는 한편, 아내 새럴과 함께 유럽과 북미 전역을 돌아다니며 과학적이고 철학적인 주제를 다루는 세미나에 참석했다. 1984년 봄 영국 미클턴에서 열린 세미나에서는 봄이 생각하는 이상적인 대화의 특징 두 가지가 부각된다. 집단 내에서 의미의 공유라는 개념과 사전에 정해진 목적이나 의제의 부재다. 봄은 당시 세미나의 의의를 다음과 같이 이야기했다.

> 내용에 중점을 둔 일련의 강연과 유익한 토론을 기대하며 당시 주말을 맞았다. 하지만 대화를 진행하는 도중에 훨씬 중요한 뭔가가 관련되어 있음이 서서히 드러났다. 대화 과정 자체가 참가자들 사이에 의미의 자유로운 흐름이라는 깨달음이었다. 처음에 사람들은 각자의 확고한 견해를 피력하고 이를 고수하려는 경향을 보였다. 하지만 나중에는 특정 견해를 고수하기보다 집단 내의 친밀감이 중요하

다는 사실이 분명해졌다. 이런 친밀감은 참가자들의 개인적인 친분에 토대를 두고 생긴 것이 아니라는 점에서 비개인적인 성질impersonal quality을 지닌다. 그리하여 대화 과정에서 계속 바뀌는 공통 의미common meaning에 입각한 새로운 사고방식이 생겨나기 시작했다. 참가자들이 이제는 대립 관계에 있지 않았다. 그렇다고 생각을 교류하고 있다고 말하기도 그랬다. 오히려 그들은 끊임없는 발전과 변화 가능성을 지닌, '공통 의미'를 만들고 이용하는 공동 작업에 참여하고 있다는 편이 적절했다. 대화가 이렇게 발전해가는 과정에서 집단이 미리 정한 목표나 목적 따위는 없다. 순간순간 변하는 목표가 등장할 수는 있지만 말이다. 이렇게 집단은 역동적인 새로운 관계로 발전하기 시작한다. 그런 관계에서는 집단 안의 누구도 배제되지 않고 어떤 화제도 제외되지 않는다. 지금까지 우리는 여기서 말한 의미에서 대화의 가능성을 탐험하기 시작했다. 하지만 이런 방향으로 계속 가면 인간관계를 변화시킬 가능성은 물론, 이런 관계의 원인이 되는 의식 자체의 본질까지 바꿀 가능성에 접근하게 된다.*

여기서 아주 중요한 정의를 찾을 수 있다. 대화는 말도 많고 탈도 많은 일상의 인간관계와 커뮤니케이션의 속성을 탐구하고 이해하는 것을 목적으로 할 뿐 아니라 의식consciousness 자체를 이해하는 것을 목적으로 한다는 점이다. 이런 정의는 대화의 핵심 구성 요소를 규정할 토대, 즉 기준을 제공한다. 공유 의미, 집단 사고의 속성, 만연한 파편화, 의식의 기능, 미시 문화적 맥락, 정해진 목표가 없는 탐구, 비개인적인 유대감, 그리고 관찰자와 피관찰자의 역설까지. 이처럼 다양한 요소는 봄의 대화에 대한 비전이 그만큼 포괄적이고 급진적이라는 사실을 말해준다. 하지만 봄 자신은 대화가 서로 얼굴을 맞대는 직접적인 과정으로, 끊임없는 이론화 및 추론과 혼동되어서는 안 된다고 강조했다. 추상화와 디지털 기술을 활용한 커뮤니케이션이 급속도로 발전하는 시대에 일상적으로 얼굴을 맞대고 직접 대화를 나

* 데이비드 봄(1987) Unfolding Meaning, London: Routledge. p. 175.

눈다는 것은 어찌 보면 거북하고 번거로운 일이다. 그럼에도 그런 수고를 감수하라고 주장하는 것이야말로 어쩌면 가장 급진적인 태도가 아닐까?

데이비드 봄은 1992년 세상을 떠나는 날까지 본인의 대화 개념을 계속해서 다듬고 정제했으며 말년까지 새로운 글쓰기를 멈추지 않았다. 봄은 1970년대부터 '대화론'과 직접적으로 관련된 원고를 내놓았고 이런 식의 초기 원고 분량이 상당하다. 그의 대화론은 훗날 훨씬 발전된 형태로 다듬어지지만 이들 초기 원고가 중요한 토대가 되었다. 이들 자료에서 선별한 내용을 처음으로 이 책에 실었다. 이 분야의 봄의 작업에서 보다 폭넓은 연구에 도움이 되었으면 하는 마음이다.

이 책의 원고는 크게 두 종류로 나뉜다. 1장과 4장, '커뮤니케이션이란 무엇인가?'와 '문제와 역설'은 봄이 1970년과 1971년에 쓴 에세이이다. 둘 다 원래는 영국 크리슈나무르티 재단 회보에 실렸다. 나머지 글은 1977년부터 1992년까지 캘리포니아 오하이에서 열린 세미나와 소규모 그룹 모임에서 발표한 내용을 토대로 했다. 따라서 이 책은 현장 발표 내용과 목적을 갖고 깊이 숙고하여 작성한 에세이가 결합된 형태다. 내용을 중심으로 보자면 대화 개론과 대화 이론에서 등장한 중심 주제를 다루는 개별 장으로 구성되어 있다고 할 수 있다. 독자 입장에서는 2장 '대화란 무엇인가?'를 개론으로 활용하고, 나머지 장은 2장에서 화제로만 언급된 이슈를 보다 심층적으로 알아보는 목적으로 활용할 수 있을 것이다.

1장에서는 대화의 의미에 대해 봄이 초기에 공식화한 내용을 볼 수 있다. 특히 말한 사람의 의도와 듣는 사람의 이해 사이, 생각과 현상 사이에 유사점과 차이점을 민감하게 파악하는 것이 일상의 커뮤니케이션은 물론 과학자나 예술가의 창조 작업에 어떤 영향을 미치는지 명확하게 설명한다. 또한 봄은 여기서 '듣기listening'를 다루는 방법에서 남다른 통찰력을 보여준다. 대화 과정에서 듣기는 오해가 많은 사안이다. 대화에서 듣기는 집단 구성원의 말과 의미에 철저하게 주의를 기울이고, 깊이 공감하는 민감성을 의미하는 것으로 생각되는 경우가 많다. 이것이 대화에서 중요한 부분임을 분명하게 인정하면서도 봄은 여기서 다른 의미의 듣기를 이야기한다. 화자(話者)의 의도에 대한 오인(誤認)이 즉석에서 새로운 의미의 창조로 이어지는 그런 듣기다. 봄이 나중에 대화에서 '의미의 흐름'이라고 부르는 것을 이해하려면 듣기의 이런 속성에 대한 이해가 선행되어야 한다.

2장에서는 대화 과정의 포괄적인 개요와 논거, 실천과 절차상의 문제까지 상세하게 논한다. 또한 유보, 민감성, 필요로 인한 충동 등을 포함하여 대화에서 중요한 몇 가지 기본 원칙을 소개하고 설명한다. 나아가 대화에서 발생할 수 있는 어려움을 살피고, 이런 어려움을 과정 자체에서 이해를 심화하는 건설적인 방향으로 활용하려면 어떻게 해야 하는가를 이야기한다. 또한 봄이 '대화의 비전vision of dialogue'이라고 부르는 것도 비교적 상세히 소개한다. 봄은 우리들 사이에 존재하는 문제의 본질을 정면으로 보고 대담하게 맞서는 것이 무엇보다 중요하다고 강조한다. 그렇게만 하면 생각 없는 집단 활동으로 흐르기 쉬운 대화를 지적인 유대감을 공유하는 창조의 장으로 바꿀 수 있다는 것이 봄의 주장이다.

3장인 '집단 사고의 본질'에서 봄은 인류 진화 과정에서 암묵적이든 명시적이든 일종의 '공동 지식'이 축적된다고 말한다. 이런 공동 지식을 통해 우리가 세계를 인식하고, 특정 사건에 의미를 부여하고, 남과 구별되는 개인성을 자각하게 된다는 것이 봄의 주장이다. 이런 지식, 즉 사고는 스스로 퍼져나가는 바이러스처럼 개인은 물론 특정 문화와도 별개로 독자적으로 움직인다. 이런 관점에서 보면 개인에 초점을 맞춘 분석을 통해서 문제를 해결하려 하거나, 사회를 좀먹는 병폐를 단지 '다른 집단 또는 개인을 탓하는 식으로 해결하려는 시도는 효과가 제한적일 수밖에 없다. 봄은 이런 상황에서 필요한 것은 새로운 사고의 움직임에 관심을 쏟는 것, 과거 우리가 소홀히 했던 부분을 다시 돌아보는 태도라고 강조한다. 봄은 근원부터 지속적으로 오염되고 있는 강을 비유로 들면서 '하류'의 오염을 제거하는 것은 진정한 해결책이 될 수 없다고 지적한다. 오염의 근원에 대처하는 것이 진정한 해결책이다.

사고가 지속적으로 오염되고 있다는 사실을 보여주기 위해서 봄은 끊임없이 입력되는 정보가 기억과 융합되어 표상을 만들어내는 방식을 탐구한다. 우리는 이런 표상을 통해서 경험을 인식하고 판단한다. 표상 형성은 지극히 자연스럽고 필요한 과정이지만 한편으로 집단적인 비일관성을 야기하는 핵심 원인이기도 하다. 봄에 따르면 여기서 근본적인 문제는 우리가 무의식적으로 표상을 현실의 진짜 모습이라고 간주한다는 사실이다. 충분히 검증을 거치지 않은 단순한 기억에 의지한 상대적인 지침이라고 보지 않고 말이다. 일단 우리가 그것이 근본적으로 진실이라고 간주하면 표상은 사실로서 스스로를 '제시하며' 우리는 거기에 따라 행동하는 것 외에 다른 선택의 여지가 없어진다. 봄이 제안하는 것은 표상 형성 과정을 바꾸려는 시도가 아니라 무엇이 되었든 본능적으로 '사실'이라고 인지되는 표상이 알고 보면 사실이나 진실과는 거리가 있을 수 있다는 점에 진지하게 주의를 기울이자는 것이다. 그런 관점에서 소위 '성찰지능reflective intelligence'을 동원할 수 있을지도 모른다. 이는 우리가 근본적으로 잘못된 표상을 인지하여 제거하고, 새로운 표상 형성에 보다 엄격해지게 해주는 일종의 판단 능력이다. 봄은 개인적인 표상보다 암묵적으로 형성되어 집단 차원에서 지지를 받는 표상을 재고하고 주의를 기울이는 것이 훨씬 어려운 과제가 되리라고 보았다.

4장 '문제와 역설'에서 봄은 실용 영역 혹은 기술 영역에서는 처리하려는 문제를 정의하는 데서 시작하여 해결책을 내놓고 체계적으로 적용하는 것이 보편적인 과정이라고 지적한다. 하지만 내적인 것이든, 외부로 드러나는 것이든 인간관계라는 영역에서 해결해야 하는 '문제'를 제기할 경우에는 근본적으로 모순 구조가 형성된다. 해결할 '대상'이 사람과 별개로 존재하는 실제적 문제(원양 항해 선박의 구조 개선 같은 사안이 대표적이다)와 달리 심리와 연관된 어려움에는 그런 주체성이 없다. 만약 내가 자신이 아첨에 약하다는 사실을 깨닫고 이를 해결해야 할 문제로 제기한다면 나는 마음속으로 '자신'과 '아첨에 영향을 받는 성질'을 구별할 것이다. 하지만 실제로는 그런 구분이 존재하지 않는다. 이런 경우 나는 내면적으로 최소한 두 부분으로 구성되어 있는 것처럼 보인다. 아첨을 믿으려는 충동과 아첨을 믿지 않으려는 충동으로. 이처럼 나는 모순된 토대 위에서 행동하고 있으며, 이는 기술적인 것과는 성질이 많이 다른 '문제'를 같은 방식으로 '해결'하려는 혼란스러운 시도가 계속되는 악순환을 낳게 된다. 봄은 이런 경우 일어나고 있는 상황은 문제problem가 아니라 역설paradox이라고 말한다. 문제에는 해결책이 있지만 역설에는 뚜렷한 해결책이 없기 때문에 다른 접근이 필요하다. 말하자면 '문제'를 근절하려는 단호한 시도보다는 역설 자체에 지속적으로 관심과 주의를 기울여야 한다. 봄은 문제와 역설을 혼동하는 이런 상황이 개인부터 지구 전체에 이르기까지 그야말로 크고 작은 모든 사회에서 일어나고 있다고 보았다.

5장 '관찰자와 피관찰자'에서도 봄은 내적 경험의 역설적인 성질을 탐구한다. 봄은 구체적으로 '내면의 실체', 즉 '자아self'라는 현상을 검토한다. 자아는 스스로를 관찰하면서 동시에 스스로의 행동에 영향을 미친다. 예를 들어 자신이 화난 것을 보면 '나'는 '나의 화'를 누그러뜨리려 노력할 것이다. 이 지점에서 구별이 일어난다. 말하자면 관찰자인 '나'와 피관찰자인 '화'가 있다. 봄은 바로 이 관찰자가 주로 가정하고 경험하는(앞서 말한 '화'도 경험 내용에 포함된다) 활동을 하지만 관습과 주의력 결여, 문화적 합의 등에 의해서 독립된 실체의 지위를 얻는다고 말한다. 우리는 이런 '내면의 실체'에 매우 높은 가치를 부여한다. 결과적으로 '관찰자'는 내면과 외면의 온갖 '문제'를 보지만 '관찰자 자신의 본질'에 주의를 기울이고 지속적으로 생각하지 않는다. 정신 활동의 이런 한계 또한 사고의 일반적인 비일관성의 요인으로 간주된다.

6장 '유보, 육체, 자기 수용 감각'에서는 인식의 다양한 측면을 살펴본다. 봄은 집단 의견이 주는 중압감, 근거가 빈약한 표현, 관찰자와 피관찰자의 착각 등으로 발생하는 각종 혼란을 종식시킬 잠재적 능력을 가진 것이 바로 인식이라고 본다. 봄은 혼자 있을 때든, 타인과의 대화 도중에든 가정을 '유보'하는 것이 가능하다고 말한다. 우리가 어떤 사람을 바보라고 생각하는 경우를 예로 들어보자. 이를 '유보한다'고 함은 (1)공개적으로 그렇게 말하는 것을 피하고, (2)동시에 우리 자신에게 그런 생각을 해서는 안 된다고 말하는 것 또한 피하는 것이다. 이렇게 함으로써 '당신은 바보다'라는 사고에 따른 영향(동요, 분노, 적의 따위)은 그대로 진행되지만 우리가 거기에 일체감을 갖고 공감하는 형식이 아니라 거리를 두고 그것을 바라보는 형식으로 진행된다. 달리 말하자면 가정 또는 반응을 유보한다고 함은 이를 억누르는 것도, 그대로 따르는 것도 아니다. 다만 거기에 충분한 주의와 관심을 기울인다는 의미다.

유보라는 행동을 하는 도중에 육체의 역할은 아주 중요하다. 강렬한 충동을 유보하면 육체적으로 어떻게든 나타나는 반응은 피할 수 없다. 혈압 상승, 아드레날린 분출, 근육 긴장 등이 대표적인 징후다. 마찬가지로 감정 영역에서도 반응이 나타난다. 봄의 관점에서는 생각, 감정, 신체 반응 등은 알고 보면 따로 '분리가 불가능한 전체'다. 하지만 이들 요소는 별개인 양 나타남으로써 서로를 부추긴다. 따라서 우리는 생각은 생각이고, 목의 통증은 다른 문제라고 생각하게 되는 것이다. 결과적으로 연결된 전체로 봐야 할 것을 별개의 문제로 생각하고 대처하느라 관찰자는 진땀을 뺀다. 이런 반응의 기저에는 '다른' 무엇, 우리 내면이 아닌 '외부의' 무언가에 의해 모든 어려움이 발생했다는 가정이 자리 잡고 있다.

봄은 '사고의 자기 수용 감각'을 통해 이런 혼란의 악순환을 종식시킬 수 있다고 보았다. 생리학적으로 보면 자기 수용 감각은 육체에 자신의 행동에 대한 즉각적인 피드백을 제공하는 역할을 한다. 사람이 의식적으로 몸의 움직임을 통제하지 않고도 계단을 오르내릴 수 있는 것은 자기 수용 감각을 통해서 육체가 자신의 위치, 자세는 물론 관련 자극을 인식하고 있기 때문이다. 자기 수용 감각 덕분에 우리는 또한 원래 육체에 속한 것과 외부에서 유입된 것을 분명하게 구별할 수 있다. 우리가 팔을 움직일 경우 다른 누군가가 우리의 팔을 움직였다는 오해를 하지 않은 것도 자기 수용 감각 덕분이다. 이처럼 육체 활동에서는 즉각적인 피드백이 가능하지만 사고 활동에서는 그렇지가 못하다. 그렇기 때문에 알고 보면 사고에 의해 야기된 어려움인데도 외부에서 비롯된 것으로 인지하고 대처하는 경우가 많다. '유보'를 기본으로 하면 육체의 움직임처럼 사고 활동도 보다 민감하게 지각할 수 있다는 것이 봄의 주장이다.

마지막 장인 '참여형 사고와 무한'에서는 봄이 '사실형 사고'라 부르는 것과 '참여형 사고'라고 하는 것의 관계를 집중적으로 살펴본다. 사실형 사고는 사실에 충실하며 결과 지향적인 사고로 사물의 모습을 '있는 그대로' 개별적으로 명확하게 그려내는 것이 목표다. 과학적 사고, 기술적 사고는 사실형 사고의 현대적인 형태라 할 수 있다.

봄은 문명의 도래 이래 사실형 사고가 우세하기는 했지만 인류의 오랜 진화 과정을 거치며 형성된 보다 원시적인 형태의 지각이 인간의 의식 구조 안에 잠재적으로, 때로 활성화된 형태로 남아 있다고 주장한다. 봄은 이것을 '참여형 사고'라고 부르는데 특징을 살펴보면 다음과 같다. 사물을 나누는 경계가 고정적이지 않고 상호 침투 가능하고, 사물은 근본적으로 서로 연결되어 있으며, 눈에 보이는 세상의 움직임은 매우 중요한 본질에 참여하는 하나의 과정으로 간주된다. 봄은 오늘날도 참여형 사고의 특성이 다수 남아 있는 부족 문화가 적지 않다고 지적한다.

참여형 사고가 예측과 오류에 취약하다는 사실을 인정하면서도 봄은 참여형 사고에는 '사실에 중점을 두는' 사고로는 접근이 불가능한 많은 것을 인지하는 능력이 있다고 주장한다. 실제로 봄은 참여형 사고라는 관점이 그가 말하는 '감춰진 질서implicate order'라는 개념과 다르지 않다고 말한다. 감춰진 질서란 눈에 보이는 현상을 눈에 보이지 않는 심층의 자연 질서가 일시적으로 드러난 모습으로 이해하는 것이다. 봄은 또한 심층의 자연 질서는 '접힘enfolding'과 '펼쳐짐unfolding'을 통해 들어가고 나오는 과정을 영원히 반복한다고 보았다. 봄은 사실형 사고와 참여형 사고 모두 나름의 장점과 한계가 있다는 사실을 잊지 않는 것이 중요하다고 강조한다. 양자 사이에 적절한 관계 정립을 위한 새로운 노력이 필요한데, 그런 노력과 탐구에 걸맞은 유일한 방법이 바로 대화라는 것이 봄의 요지다.

마지막으로 봄은 어떤 형태든 '사고'가 자신이 말하는 '무한unlimited'이라는 것을 파악할 수 있을지 의문을 제기한다. 세상에서 유한한 추상 개념을 선별하는 것이 사고의 본래 속성이기 때문에 사고는 결코 진정한 의미에서 '인간 존재의 근원'(이것은 무한하다)에 다가갈 수 없다는 것이 봄의 견해였다. 하지만 동시에 인간에게는 존재의 '우주적 차원'을 이해하고 관계를 유지하고 싶은 본능적인 욕구가 있다. 현실 경험과 욕구 사이의 괴리를 해결할 열쇠로 봄은 '주의'를 이야기한다. 주의력은 유한한 사고와 달리 잠재적으로 무한하기 때문에 '무한'의 미묘한 본질을 파악할 수 있다는 것이다.

이런 것을 탐구하는 언어에는 비유와 추론이 포함될 수밖에 없겠지만 봄은 그렇더라도 의식의 본질과 '존재의 근원'에 대한 지속적인 탐구는 반드시 필요하다고 강력히 주장한다. 급속히 파편화되는 세계를 지킬 열쇠가 거기에 있다는 것이다. 이런 파편화는 불변의 자연 법칙이 아니라 사고 과정의 비일관성에서 기인한다는 것이 봄의 확고한 신념이었다. 봄은 이런 탐구를 통해 비일관성을 극복함으로써 인간이 어디까지 갈 수 있는지 한계를 두지 않았다. 말하자면 봄은 가능성은 무한하다고 보았다. 또한 인간의 세 가지 차원, 즉 개인, 집단, 우주적 차원 사이에 명확한 구별을 두는 것에도 반대했다. 이런 점에서 (거짓 지식의 한계를 시험하는 무대가 되는) 대화는 우리 자신, 이웃, 그리고 우리가 살고 있는 세상과 과거와는 전혀 다른 새로운 방법으로 커뮤니케이션을 하고 관계를 구축할 가능성을 제시한다.

리 니콜

뉴멕시코 헤메스 스프링스에서

1995년 11월

1.

커뮤니케이션이란 무엇인가?

On Communication

라디오, 텔레비전, 비행기, 인공위성 등을 위시한 현대 기술 덕분에 최근 수십 년 동안 커뮤니케이션 네트워크가 비약적으로 발전했다. 세계 어느 지역에서든 거의 즉각적으로 다른 지역과 연락이 가능한 정도가 되었다. 하지만 이처럼 세계를 하나로 연결해주는 발전된 시스템에도 커뮤니케이션은 오히려 유례없는 규모로 붕괴되고 있다. 지금 이 순간에도 도처에서 커뮤니케이션이 붕괴되는 것을 우리 모두가 절감하고 있다. 경제나 정치 체제가 다른 국가 사람들은 전쟁이 아니고서는 소통할 기회가 거의 없다. 같은 국가 내에서도 사회 계층, 경제적 지위, 정치 성향이 다르면 서로 이해하지 못하기는 마찬가지다. 심지어 범위가 한정된 작은 집단 내에서도 사람들은 '세대 차이'를 이야기한다. 이것 때문에 연장자와 젊은이가 피상적으로밖에는 소통하지 못하는 상황이다. 대학을 비롯한 각종 학교에서는 학생들이 선생님을 상대로 소통의 부재를 토로하고 있다. 교사가 실제 생활과 무관해 보이는 다량의 정보를 자신들에게 강요하고 있다고 느끼는 탓이다. 신문, 잡지, 라디오, 텔레비전 등 각종 미디어에 등장하는 정보는 어떤가? 연관성을 찾기 힘든 하찮은 잡동사니에 불과한 경우가 대부분으로 최악의 경우에는 잘못된 정보를 제공하고 혼란을 조장하여 오히려 사회악의 근원이 되기도 한다.

대다수 현대인은 이런 상황을 인지하고 있는데 불만 또한 팽배한 상황이다. 따라서 소위 '커뮤니케이션 문제'라는 것을 해결하려는 관심이 높아지고 있다. 하지만 문제를 해결하려는 노력을 자세히 살펴보면 자체적으로 문제를 안고 있다는 사실을 금세 알 수 있다. '커뮤니케이션 문제'를 해결하겠다는 사람들이 자기 집단 이외의 타인의 말에는 거의 귀를 기울이지 않는 것이다. 결과적으로 커뮤니케이션을 원활히 한다면서 혼란만 가중시키는 사례도 드물지 않는데, 좌절한 사람들이 이해와 신뢰가 아니라 오히려 공격과 폭력으로 치닫는 경우도 있다.

이처럼 사람과 사람 사이에 커뮤니케이션이 붕괴되고 있고, 이를 막으려는 노력이 오히려 붕괴를 가속화하는 경향이 있다는 사실에 동의한다면 잠시 기존의 사고방식을 접어두고 다음의 질문을 던져보는 건 어떨까? 현재의 어려움이 과연 무엇이 잘못되었는가를 명확하게 규정하지 못하는 데서 비롯된 것일까? 지금보다 섬세한 방식으로 잘못된 점을 찾고 규정하면 어려움을 해결할 현명한 대응책을 찾을 수 있을까? 오히려 커뮤니케이션 자체의 말하고 생각하는 방식의 문제는 아닐까? 커뮤니케이션 자체에 대한 조잡한 이해와 무신경이 현재 우리가 직면한 어려움의 진정한 원인은 아닐까?

'커뮤니케이션communication'이라는 단어의 의미를 살펴보는 것으로 이런 질문의 논의를 시작해보자. 커뮤니케이션은 '공통의', '공유의' 등의 의미를 가진 라틴어 단어 'commun'에 접미사 'ie'를 붙인 형태다. 접미사 'ie'는 'fie'와 유사한데 '만들다 혹은 하다'라는 의미를 갖고 있다. 그러므로 커뮤니케이션의 동사 형태인 '전달하다to communicate'의 한 가지 의미는 '뭔가를 공통된 것으로 만든다to make something common'이다. 다시 말해 정보나 지식을 한 사람에게서 다른 사람에게 가능한 정확한 방식으로 전달한다는 것이다. 다양한 상황에서 이는 적절한 의미다. 예를 들면 우리는 이런 식으로 특정 작업 수행 지침을 다른 사람에게 '전달한다'. 이런 의미에서 보면 인간이 하는 일과 터득한 기술의 많은 부분이 이와 같은 커뮤니케이션에 의존한다.

그렇지만 이런 의미는 커뮤니케이션이 나타내는 모든 내용을 포괄하지 못한다. 대화를 생각해보자. 대화에서는 한 사람이 뭔가를 말하고, 상대가 그에 반응한다고 해도 의미가 정확히 일치하는 경우가 많지 않다. 의미가 비슷할 뿐 완전히 일치하지 않는 경우가 대부분이다. 처음 이야기를 꺼낸 사람은 상대의 반응을 보고 자신이 말하려 했던 것과 상대가 이해한 것 사이에 차이를 인식한다. 이런 차이를 인지하고 생각하는 과정에서 자신의 관점과 상대의 관점 모두와 관련된 새로운 어떤 것을 발견할 수도 있다. 이런 과정은 한 번이 아니라 반복적으로 일어나는데 참가자들이 공유하는 새로운 내용이 계속해서 출현한다. 이처럼 대화에서는 참가자들이 자신이 이미 알고 있는 특정 개념이나 정보를 그대로 공유하려고make common 하지 않는다. 오히려 참가자들이 공동으로in common 새로운 뭔가를 만들어 간다고 할 수 있다.

하지만 여기에는 조건이 있다. 커뮤니케이션이 무조건 새로운 뭔가를 창조할 수 있는 것은 아니다. 참가자는 편견이나 상대에게 영향을 주려는 의도 없이 타인의 말에 자발적으로 귀를 기울여야 한다. 쌍방의 주된 관심은 진실과 일관성이어야 하며, 필요하다면 자신의 기존 생각과 의도를 버리고 다른 것을 택할 준비가 되어 있어야 한다. 양쪽이 서로에게 고정된 정보를 주듯이 특정 개념이나 관점을 전달하려고 든다면 커뮤니케이션은 실패할 수밖에 없다. 왜냐하면 상대의 이야기를 본인의 사고라는 그물망을 통해 걸러낸 상태로만 듣기 때문이다. 또한 진위나 일관성 여부에 상관없이 자신의 기존 생각을 유지하고 방어하려 하기 때문이다. 결과는 당연히 혼란이다. 그리고 이런 혼란이 앞에서 언급한 해결 불가능한 '커뮤니케이션 문제'를 야기한다.

특정 영역만이 아니라 삶의 모든 면에서 이런 진정한 의미의 커뮤니케이션이 필요하다. 우리가 협력한다면, 말 그대로 '함께 일한다면' 분명 공통된 어떤 것을 창조할 수 있다. 권위자 역할을 맡은 사람에게서 수동적인 도구 역할을 맡은 사람에게로 일방적으로 전달되는 무엇이 아니라, 토의와 공동 행동 속에서 탄생한 진정 새로운 어떤 것을 말이다.

생명이 없는 사물이나 자연과의 관계에서도 커뮤니케이션과 유사한 요소가 개입된다. 예술가의 작업을 생각해보자. 예술가가 작품을 통해서 자신을 표현한다고 말하는 것이 타당할까? 말하자면 예술가의 내면에서 이미 만들어진 어떤 것을 있는 그대로 '밖으로 내보내고' 있다고 말하는 것이 타당한가? 그런 표현은 사실 정확하지도 적절하지도 않다. 오히려 예술가가 처음에 하는 작업이 어떤 의미에서는 자기 내면에서 생각하고 있는 것과 유사할 뿐이다. 두 사람이 나누는 대화처럼 예술가는 자신이 마음속에 그리던 것과 예술 작품 사이에 유사점과 차이점을 인식하고, 이런 인식을 토대로 다음 단계에서 이를 한층 발전시킨다. 이처럼 작업을 하는 내내 예술가와 그가 작업하는 소재에 공통된 새로운 무엇이 끊임없이 창조된다.

과학자는 자연을 상대로 유사한 대화를 한다. 어떤 아이디어가 떠오르면 과학자는 관찰을 통해 확인하는 작업을 거친다. 관찰된 내용이 그가 생각하던 내용과 유사할 뿐 완전히 일치하지 않으면 과학자는 유사점과 차이점을 검토하고 새로운 아이디어를 얻는다. 그리고 다시 관찰과 실험을 통해서 확인하는 작업을 반복한다. 과학자의 생각과 자연계에서 관찰된 내용에 공통되는in common 새로운 뭔가가 끊임없이 출현하면서 과학자의 작업이 그렇게 진행된다. 이런 과정은 과학이나 예술에서뿐 아니라 현실의 생활 영역까지 확장된다. 현실 생활에서는 이런 과정을 통해 인간과 인간이 사는 전반적인 환경에 공통되는 새로운 구조가 끊임없이 창조된다.

자신은 물론 자연과 조화를 이루며 살아가려면 이런 창조적인 흐름 속에서 자유롭게 커뮤니케이션할 수 있어야 한다. 누구도 자신의 개념을 영원히 고집하거나 옹호하지 않고, 창조와 변화의 가능성이 항상 보장되는 그런 흐름 속에서 말이다. 그래야 한다는 사실이 자명한대도 실제로 그런 커뮤니케이션을 행하기가 그렇게 어려운 이유는 무엇일까?

이는 아주 복잡하고 어려운 질문이다. 하지만 어쩌면 다음과 같이 말할 수 있을지도 모른다. 사람이 무언가에 대해 말이나 생각만 하는 것이 아니라 행동으로 옮길 때는 자신이 이미 타당한 방식으로 상대의 말에 귀를 기울이고 있다고 믿는 경향이 있다. 자신에게 이런 믿음을 가지면 편견을 갖고 타인의 말에 귀를 기울이지 않는 사람은 자신이 아니라 상대로, 결국 문제는 상대라는 생각을 하게 된다. 누구나 다른 사람이 특정 질문에 '막혀 있다'고 생각하기 쉽다. 그들이 의식은 못하지만 자신에게 아주 중요한 특정 아이디어 안에 존재하는 모순에 직면하는 것을 피하고자 폐쇄적인 태도를 취한다고 판단하는 것이다.

하지만 이런 '폐쇄성'의 본질은 회피가 아니라 무감각이다. 자신의 아이디어 안에 존재하는 모순을 아예 의식하지 못하는 일종의 '마비 상태'라는 것이다. 그러므로 자신의 '폐쇄성'의 본질을 의식하는 것이 중요하다. 그러기 위해서는 방심하지 않고 주의를 기울이는 태도가 필요하다. 정신을 바짝 차리고 주의를 기울이면 본인의 사고 속에서 다음의 과정이 진행되는 것을 의식할 수 있다. 특정 질문이 제기될 때마다 순간적으로 두려움을 느낀다. 이런 두려움이 해당 질문을 진지하게 고민하지 못하게 밀어낸다. 위험한 질문을 밀어내는 순간 희열을 느낀다. 사고는 이런 희열에 안주하게 되고 문제가 되지 않은 다른 질문에 집중한다. 이런 과정을 통해서 우리는 무엇이 되었든 자신을 불편하게 만들 거라고 생각되는 요인을 피한다. 결과적으로 우리는 타인의 말에 진심으로 귀를 기울이고 있다고 생각하면서 한편으로 교묘하게 자신의 아이디어를 고수한다.

대화를 나누기 위해 혹은 힘을 모아 공동 행동을 하기 위해 모인 자리에서 참가자들은 자유로운 듣기를 '가로막는' 내면의 미묘한 두려움과 희열을 감지하고 의식할 수 있을까? 이런 의식 없이 들리는 모든 내용에 귀를 기울여야 한다고 자신을 다그쳐봐야 아무런 의미가 없다. 하지만 참가자들이 전달되는 내용에 적절한 주의를 기울이는 한편, 커뮤니케이션을 '가로막는' 내면의 움직임에도 온전한 주의를 기울인다면 우리는 새로운 무엇을 창조할 수 있으리라. 오늘날 우리가 직면한 개인과 사회의 난제를 해결할 매우 중요한 의의를 지닌 무엇을 말이다.

2.

대화란
무엇인가?

On Dialogue

대화 집단dialogue group을 꾸리고 본격적으로 시작하는 경우 첫 번째 화제는 보통 '대화' 자체가 된다. 구체적으로는 대화가 무엇이며, 대화를 하는 이유와 의미가 무엇인가를 토의한다. 나는 참가자들이 최소한 이런 전반적인 내용을 검토한 뒤에 대화 집단을 시작하는 것이 현명하다고 생각한다. 물론 그전에도 대화 집단을 시작할 수는 있다. 하지만 그런 경우에는 집단이 지속되리라는 믿음, 그리하여 앞서 말한 전반적인 질문이 나중에 제기되리라는 믿음을 갖고 있어야 한다. 따라서 집단 안에서 모임을 꾸릴 생각이라면 먼저 대화에 대한 토론이나 세미나를 열라고 말해주고 싶다. 그런 자리를 통해서 관심을 확인한 사람이 모여 대화를 계속하면 된다. 결과적으로 진정한 대화를 나누게 될지, 그렇지 않을지 지나치게 걱정할 필요는 없다. 그런 심리는 대화를 가로막는 장애물일 뿐이다. 그로 인해 혼란만 가중될 수도 있다. 그렇다면 여기서 잠시 대화에 대해서 논의해보자. 대화란 도대체 무엇일까?

여기서 내가 말하는 대화는 일반적으로 사용하는 의미와는 다소 다르다. 단어의 유래를 알면 심층적인 의미 이해에 도움이 된다. 그런 의미에서 대화라는 단어의 어원을 살펴보면 대화라는 영어 단어 'dialogue'는 그리스어 'dialogos'에서 유래했다. 'logos'는 '말word'을 뜻하는데 여기서는 '말의 의미'라고 생각할 수 있다. 'dia'는 영어로 'though', 즉 '통과하여', '사이로' 등의 뜻이다. 특히 'dia'가

'둘'을 의미하지 않는다는 사실을 명심하자. 따라서 대화가 반드시 두 사람 사이에 일어난다는 생각은 버려라. 참가자가 몇 명이든 대화는 가능하다. 대화의 정신이 존재한다면 혼자서도 대화가 가능하다. 어원을 통해서 보면 우리 내부와 사람들 사이를 통과하여 흐르는 '의미의 흐름stream of meaning'이 머릿속에 그려진다. '대화'는 전체 집단 안에서 의미의 흐름을 가능하게 해주며, 이를 통해서 새로운 이해가 출현할 가능성도 있다. 이는 시작 단계에서는 존재하지 않았던 완전히 새로운 어떤 것, 창조적인 어떤 것이다. 이렇게 집단 구성원 사이에 공유된 의미는 사람과 사회를 하나로 묶어주는 '접착제' 혹은 '시멘트' 역할을 한다.

대화를 'discussion(토론)' 단어와 비교해보자. 'discussion'은 'percussion(충돌)', 'concussion(충격)' 등의 단어와 같은 어원을 갖고 있다. 'discussion'은 정말로 뭔가를 나눈다는 의미로 분석이라는 개념을 중시한다. 토론에서는 다양한 관점이 존재하고, 모든 사람이 각기 다른 관점을 제시하며, 제시된 관점을 분석하고 나눈다. 토론에도 분명 나름의 가치가 있지만 제한적이며, 다양한 관점을 넘어 멀리 나아갈 수가 없다. 토론은 어찌 보면 탁구 경기와 비슷하다. 사람들이 각자의 아이디어를 던져서 주고받는데 게임의 목적은 점수를 따고 이기는 것이다. 다른 사람의 아이디어를 자신의 아이디어를 뒷받침하는 용도로 활용할 수도 있다. 다른 사람의 아이디어에 찬성할 수도 반대할 수도 있다. 하지만 가장 중요한 목적은 경기에서 이기는 것이다. 바로 이것이 토론의 가장 흔한 형태다.

하지만 대화에서는 누구도 이기려고 하지 않는다. 누군가가 이기면 결국 모든 사람이 이기는 격이다. 대화의 정신은 토론과 근본적으로 다르다. 대화에서는 점수를 얻으려는 시도도, 자신의 견해를 지배적인 견해로 만들려는 시도도 없다. 오히려 누군가의 실수를 발견하고 시정하면 전원이 점수를 얻는다. 모두가 승자가 되는 소위 말하는 'Win-Win' 상황이다. 하지만 다른 게임에서는 항상 승자와 패자가 존재한다. 내가 이기면 당신이 지는 식이다. 하지만 대화는 공동 참여를 넘어서는 어떤 것이다. 참가자는 서로를 상대로 게임을 하는 것이 아니라 함께 게임을 한다. 따라서 대화에서는 모두가 승자가 된다.

당연히 소위 대화라고 불리는 많은 것이 내가 사용하는 의미에서는 대화가 아니다. 국제연합에서 대화라는 명칭을 붙여 개최하는 많은 모임이 대표적이다. 이런 모임은 대화라기보다 토론에 가깝다. 아니면 거래나 협상에 지나지 않는다. 참가자들이 자신들의 근본 가정에까지 의문을 제기할 만큼 열려 있지가 않다. 그들은 핵심 사항이 아닌 부수적인 것을 교환하며 거래를 한다. 핵무기를 얼마나 많이 혹은 적게 보유할 것인가를 협상하는 모습에서 보이듯이 말이다. 하지만 상이한 두 체제 사이의 총체적인 문제는 결코 진지하게 논의되지 않는다. 거기는 언급하면 안 된다는 것이 당연한 상식으로 간주된다. 더불어 그와 관련해서는 아무것도 변하지 않으리라는 사실도 말이다. 따라서 그들의 토론은 진지하지 않다. 협상이 불가능하고 손을 댈 수 없는 것이 많고, 그런 문제는 아예 언급조차 하지 않는다. 이는 우리가 안고 있는 문제의 일부다.

그렇다면 왜 대화가 필요한가? 아주 작은 집단에서도 사람들은 커뮤니케이션에 어려움을 겪는다. 구성원이 서른이나 마흔, 혹은 그 이상이 되면 문제는 더욱 심각하다. 이런 집단에서는 대다수 사람이 정해진 의제가 있거나 주재하는 사람이 있지 않으면 커뮤니케이션을 아주 힘들어한다. 이유가 뭘까? 한 가지 이유는 모든 사람이 서로 다른 가정과 의견을 갖고 있다는 점을 들 수 있다. 여기에는 그다지 중요하지 않은 피상적인 가정이나 의견도 있지만 근본적인 것도 포함된다. 삶의 의미, 자신과 국가, 몸담고 있는 종교의 이익에 대한 가정, 진정 중요하다고 생각하는 것에 대한 가정 등.

누군가 자신의 가정에 도전하면 사람들은 이를 방어하려 든다. 어떻게든 자신의 가정을 방어해야 직성이 풀리는 경우가 많기 때문에 감정적인 공격도 서슴지 않는다. 자신의 가정과 견해를 지키려는 경향에 대해서는 나중에 상세히 살펴보겠지만 먼저 한 가지 예를 들어보자. 오래전 이스라엘에서 대화 자리를 마련한 적이 있었다. 정치 문제를 토론하는 도중에 한 사람이 지나가는 말로 시오니즘을 언급했다. "시오니즘 때문에 유대인과 아랍인의 우호적인 관계 구축이 엄청난 어려움을 겪고 있습니다. 시오니즘은 이를 가로막는 가장 큰 장애물입니다." 그는 아주 차분하게 말했다. 그때 갑자기 한 사람이 참을 수 없다는 듯이 벌떡 일어섰다. 남자는 완전히 감정에 사로잡힌 상태였다. 혈압이 오르는지 얼굴이 벌겋고 눈은 튀어나올 기세였다. 남자는 격한 감정을 감추지 않고 말했다. "시오니즘이 없으면 우리나라는 와해되고 말 것입니다!"

그 말을 한 남자는 스스로의 근본 가정을 갖고 있었고, 처음 말을 꺼낸 남자도 마찬가지였다. 드러난 바와 같이 그들의 가정은 완전히 대립했다. 그런 경우 문제는 '무엇을 할 수 있는가'이다. 아시다시피 세계 도처에서 각종 정치 문제를 야기하는 것이 바로 그런 가정들이다. 방금 말한 시오니즘의 경우는 정치와 관련된 다른 가정에 비하면 오히려 쉬운 편이다. 요점은 우리가 정치나 경제, 종교뿐만 아니라 사람이 무엇을 해야 하는가, 삶이 무엇인가 등 온갖 종류의 가정을 가지고 있다는 사실이다.

이런 가정들을 '의견opinion'이라고 부를 수도 있다. 말하자면 의견이 곧 가정이다. '의견'이라는 단어는 몇 가지 의미로 쓰인다. 의사가 의견을 제시하는 경우 이는 환자의 병증을 바탕으로 의사가 내린 최선의 가정을 의미한다. 의사는 아마 이렇게 말할 수도 있다. "글쎄요. 아주 확실하지는 않습니다. 다른 의사의 진단을 한번 받아보도록 합시다." 만약 그가 훌륭한 의사라면 본인의 가정을 무조건 고수하려

들지 않을 것이다. 다른 의사의 의견이 자신과 다르게 나와도 앞의 시오니즘 이야기에 등장하는 남자처럼 펄쩍 뛰며 감정적으로 반응하지는 않을 것이다. 오히려 차분하게 이렇게 물을 것이다. "그렇게 판단하신 근거가 뭡니까?" 사실 이는 자신과 타인의 의견에 합리적으로 반응한 사례다. 하지만 그런 자질을 가진 사람은 소수다. 대다수는 강하게 반발하면서 자신의 의견을 고수하려 한다. 달리 말하자면 사람들은 자신과 자신의 의견을 동일시한다. 그리고 자기 의견 고수가 자신의 이익으로 이어진다고 믿는다. 여기서 말하고자 하는 요지는 '대화는 이런 가정들 이면에 있는 모든 압력을 고찰해야 한다'는 것이다. 대화는 가정 자체가 아니라 이면의 사고 과정을 고찰해야 한다.

대화와 사고

우리가 갖고 있는 다른 의견은 과거 사고thought의 결과라는 사실을 알아야 한다. 말하자면 우리의 모든 경험, 다른 사람에게서 듣거나 듣지 않은 내용 등은 우리 기억 속에 각인되어 있다. 그렇게 되면 우리가 의견과 자신을 동일시하고 무조건 지키려는 반응을 보일 수 있다. 하지만 그런 행동은 사실 무의미하다. 해당 의견이 옳다면 그런 반응을 할 필요가 없다. 만약 옳지 않다면 굳이 고수할 필요가 있을까? 하지만 우리가 의견과 스스로를 동일시하면 옳고 그름의 여부에 상관없이 그것을 고수하게 된다. 의견이 도전을 받으면 자신이 공격을 받는 것처럼 느낀다. 이처럼 의견은 각자의 가정이고 각자의 경험에 불과한데도 '진리'처럼 느껴지는 경향이 있다. 우리는 교사나 가족, 독서를 비롯한 몇몇 방식을 통해 의견을 얻는다. 그러고는 이런저런 이유로 자신을 의견과 동일시하고 방어하려고 안간힘을 쓴다.

사실 대화의 목적은 전체적인 사고 과정에 파고들어 집단적으로 사고 과정을 바꾸는 데 있다. 우리는 하나의 과정으로서 사고에 진정으로 깊은 관심을 기울여본 적이 없다. 사고에 열심이었지만 내용에만 주목했을 뿐 과정에는 아니었다. 왜 사고 과정에 주의를 기울여야 하는가? 알고 보면 사고뿐 아니라 주위의 모든 것에 주의를 기울여야 한다. 우리가 기계에 주의를 기울이지 않고 작동시키면 기계는 망가질 것이다. 우리의 사고 역시 하나의 과정이며 주의를 기울여야 한다. 그렇지 않으면 기계가 고장 나듯이 사고도 잘못된다.

생각, 즉 사고로 인해 야기되는 어려움을 예로 들어보자. 대표적인 것이 파편화fragmentation인데 이는 사실이 아니라 사고에서 기인한다. 모든 것을 나누고 구분하는 것이 바로 사고다. 말하자면 우리가 행하는 모든 구분이 사고의 산물이다. 실제로 세계는 하나로 통합된 그림자 같은 존재다. 하지만 우리는 거기서 특정한 것을 선택하여 다른 것과 구별한다. 처음에는 편의상 그렇게 하지만 시간이 흐르면서 이런 구별에 큰 의미를 부여한다. 인간이 세운 개별 국가라는 것도 순전히 생각의 결과물이다. 시간이 흐르면 그렇게 생겨난 국가를 아주 중요하게 생각하기 시작한다. 우리는 또한 사고에 의해 종교를 분리한다. 따라서 분리된 개별 종교도 순전히 우리 사고방식의 산물이다. 개별 가정이라는 것도 마찬가지로 사고에서 비롯된다. 가정이 만들어지는 모든 방식이 결국은 우리의 사고로 인한 것이다.

나누고 분리하는 파편화는 분명 사고에서 기인한 어려움 중에 하나다. 하지만 속내를 보면 보다 깊은 원인이 있다. 사고는 적극적으로 많은 일을 하고 있는데 사고 과정은 사고가 아무것도 하지 않는다고, 그저 사물을 있는 그대로 알려줄 뿐이라고 생각한다는 점이다. 우리 주위의 거의 모든 것이 사고에 의해 결정된다. 건물, 공장, 농장, 도로, 학교, 국가, 과학, 기술, 종교…. 언급할 수 있는 거의 모든 것이 사고의 산물이며 사고에서 비롯된다. 모든 생태 문제도 사고에서 기인한다. 세상은 우리가 이용하라고 존재하는 것이라고, 세상의 자원은 무한하다고, 우리가 무슨 짓을 하든 오염은 결국 분해되어 사라질 것이라고 생각해왔기 때문에 모든 생태 문제가 발생했다.

환경 오염, 이산화탄소를 비롯해서 어떤 것이든 '문제'를 보면 우리는 '이 문제를 해결해야 한다'고 말한다. 하지만 한편으로 우리는 사고를 계속함으로써 끊임없이 그런 종류의 문제를 만들어낸다. 단순히 특정 문제만이 아니라 비슷한 아류 문제까지 포함해서 말이다.

만약 세상이 단지 인간의 편의를 위해 존재한다는 생각을 바꾸지 않으면 우리는 또 다른 방식으로 세상을 이용할 것이고, 어딘가에서 또 다른 문제를 야기할 것이다. 오염 문제는 말끔히 해결할지도 모르지만 사고를 제대로 하지 않으면 계속해서 경제 혼란 같은 다른 문제를 만들어낼 것이다. 요즘 한창 주가를 올리고 있는 유전공학은 어떤가? 우리는 그보다 못한 평범한 기술이 엄청난 문제를 야기하는 것을 이미 목도하고 있다. 우리가 사고방식을 바꾸지 않을 경우 유전공학이 야기할 문제는 얼마나 어마어마할지 상상해보라. 사람들은 무엇이 되었든 그들의 욕망에 부합하는 방향으로, 그리고 그들이 '생각하는' 대로 유전공학을 활용할 것이다.

요점은 이렇다. 사고는 결과를 만들어내지만 자기가 한 일이 아니라고 말한다. 그것이 바로 문제다. 더욱 난감한 것은 사고가 만들어낸 산물 중에 일부를 인간이 무척 중요하고 가치 있는 것으로 생각한다는 사실이다. 사고는 국가를 만들어냈다. 오늘날 우리는 국가를 고귀하고 최고의 가치를 지닌 것으로 여기며, 국가가 다른 모든 것에 우선한다고 말한다. 종교에 대해서도 마찬가지로 말할 수 있다. 이것 때문에 사고의 자유마저 침해를 당한다. 국가가 고귀한 가치를 갖고 있다면 계속해서 국가가 고귀한 가치를 가지고 있다고 생각해야 할 필요가 있다. 그러므로 그렇게 생각해야 한다고 강제하는 압력을 행사해야 한다. 국가, 종교, 가정을 비롯해서 가치가 높다고 생각되는 모든 것에 계속해서 그렇게 생각하고 싶은 충동을 가져야 하고, 모든 사람이 같은 충동을 느끼도록 해야 한다. 그리고 그런 사고를 지켜야 한다.

지킨다는 생각을 먼저 앞장세우지 않으면 뭔가를 지킬 수가 없다. 지키려는 것에 의문을 제기할 가능성이 있는 그런 사고가 있으면 옆으로 치워 버려야 한다. 이런 태도를 갖고 있으면 자기기만에 빠지기 쉽다. 틀렸다고 말하거나 논점을 왜곡하는 식으로 받아들이고 싶지 않은 많은 것에 생각을 회피하는 것이다. 그렇게 사고는 증거와 배치되는, 그렇기 때문에 틀렸을지도 모르는 가정을 방어한다.

이런 문제에 대처하려면 먼저 사고를 살펴봐야 한다. 사고에서 기인한 문제이기 때문이다. 문제가 있으면 우리는 보통 이렇게 말한다. "해결 방법을 찾기 위해서 문제를 생각해봐야 해." 하지만 나는 지금 생각 자체가 문제라고 말하고 있다. 그렇다면 우리는 어떻게 해야 할까? 사고에는 두 가지 종류가 있다. 개인적인 사고와 집단적인 사고가 그것이다. 개인적으로 우리는 많은 생각을 할 수 있다. 하지만 사고의 많은 부분은 공동으로 이루어진다. 알고 보면 사고의 대부분이 집단적인 배경에서 나온다. 일단 언어라는 것이 집단적이다. 사회란 어떤 것인가, 우리는 어떤 사람이 되어야 하는가, 대인 관계, 조직 등의 가정을 비롯하여 개인이 갖고 있는 대부분의 기본 가정은 몸담고 있는 사회에서 나온 것이다. 따라서 우리는 개인적으로나 집단적으로나 사고에 주의를 기울여야 한다.

대화에서 출신 배경이 다른 사람을 보면 보통 기본 가정과 의견이 다르다. 우리는 많은 집단에서 엄청나게 다양한 가정과 의견을 만난다. 그 순간에는 깨닫지 못한다고 해도 거의 모든 집단에 공통되는 현상이다. 이는 문화의 문제다. 문화 전체를 보면 해당 문화의 성립에 영향을 준 엄청나게 많은 가정과 의견이 있다. 또한 민족, 경제적 지위, 인종, 종교, 기타 수없이 많은 요인을 기준으로 구별되는 하위문화subculture가 있다. 사람들은 그처럼 다른 문화 혹은 하위문화에서 다른 가정과 의견을 가지고 모임에 참석한다. 그리고 사람들은 명확한 증거에도 굴하지 않고 옳지 않은 자신의 가정과 의견을 고수하려 하며, 마찬가지로 다른 의견을 가진 사람에 맞서서 자신의 가정과 의견을 지키려 한다. 그들이 의식하지 못한다고 해도 사람들에게는 그런 뚜렷한 성향이 있다.

이런 식으로 자기 의견을 고집한다면 진정한 의미에서 대화는 불가능한데 무의식적으로 일어나는 경우가 많다. 사실 일부러 그러는 경우는 많지 않다. 자기 의견을 고집하고 있다는 사실을 자각하는 경우도 있지만 대부분은 그렇지 않다. 보통은 자신이 주장하는 의견이 너무나 옳기 때문에 그것을 고집한다고 생각한다. 어리석은 상대에게 우리 의견에 동의하지 않은 것이 얼마나 잘못된 것인가를 반드시 알려주어야 하며, 결코 이를 포기할 수 없다고 느낀다.

이쯤 되면 세상에서 이보다 당연한 일이 없는 것처럼 느껴진다. 자기 의견을 고수하는 것이 피할 수 없는 필연인 양 생각된다. 생각해 보면 알겠지만 기본적으로 이런 태도를 유지한다면 진정한 의미에서 훌륭한 사회는 만들 수 없다. 그게 바로 민주주의가 돌아가는 방식이라고 생각할지 모르지만 사실 그렇지 않다. 모든 사람이 각기 다른 의견을 갖고 있다면 이는 민주주의가 아니라 의견들의 투쟁의 장일 뿐이다. 아마도 가장 강한 사람이 승리하게 될 것이다. 그렇다고 승리한 사람의 의견이 반드시 옳은 것은 아니다. 알고 보면 개진된 모든 의견이 옳지 않을 수도 있다. 그러므로 의견 일치를 위해 노력한다고 해서 반드시 잘되는 것도 아니다.

이런 문제는 다양한 상황에서 발생한다. 사람들이 모여 대화를 하는 자리, 국회의원이 합의를 이끌어내려는 자리, 사업가가 협상 타결을 보려는 자리 등 어디서든 말이다. 한 가지 일을 함께해야 하는 상황에서는 이런 문제가 더욱 두드러진다. 서로 다른 가정과 의견을 갖고 있다는 사실이 쉽게 드러나고, 함께 일을 처리하기가 힘들다는 사실을 깨닫게 될 가능성이 높다. 실제로 대기업에는 이런 문제에 직면한 사람이 많다. 예를 들면 최고 경영진은 각기 다른 의견을 갖고 있어서 함께 일하기가 힘들다. 그런 상황에서는 회사가 효율적으로 돌아갈 리 없고 손실이 발생하기 시작하다가 어느 순간 파산한다.

그래서일까? 기업의 최고 경영진 중에는 함께 이야기를 나눌 모임을 만들려고 노력하는 사람이 더러 있다. 정치인도 그렇게 한다면 정말 좋을 것이다. 종교인은 힘을 합치기가 가장 힘든 부류에 속한다. 종교에 따라서 다른 가정이 워낙 단단히 박혀 있어서 합의에 이르기가 거의 불가능하기 때문이다. 서로 다른 두 종교, 혹은 같은 종교에서 갈라진 분파가 등을 돌렸다가 다시 합친 사례는 내가 알기로는 존재하지 않는다. 기독교는 오랫동안 종파를 초월하여 협력한다고 말해왔지만 지금까지도 변화 없이 거의 그대로다. 가끔 이야기를 나누는 등 살짝 가까워진 듯도 하지만 진정한 의미에서 하나가 되는 일은 결코 일어나지 않는다. 그들은 통합과 일치, 사랑 같은 온갖 미사여구를 나열해서 이야기하지만 서로 다른 가정이 워낙 강하게 각인되어 영향력을 행사하고 있다. 지금도 일부 종교인은 통합을 시도하고 있다. 그들의 태도는 정말 성실하다. 그보다 더 진지할 수 없을 정도다. 하지만 내가 보기에 통합이라는 목적을 달성하기는 아무래도 힘들어 보인다.

과학자도 같은 상황이다. 진리에 대한 관점이 서로 다르기 때문에 합의에 도달할 수가 없다. 어쩌면 이해관계 자체가 다른지도 모른다. 오염을 야기하는 회사에서 일하는 과학자라면 오염이 위험하지 않다는 사실을 증명하는 것이 자기한테 이익이 된다. 그런가 하면 오염이 위험하다는 사실을 증명하는 데서 이익을 얻는 과학자도 있다. 어딘가에는 어느 쪽에도 치우치지 않고 위험 여부를 제대로 판단하고자 애쓰는 과학자도 있을 것이다.

흔히들 과학은 진리와 사실을 추구하고 매진하는 학문이라고 생각한다. 그리고 종교는 과학과는 다른 종류의 진리를 추구하고 또한 사랑을 추구한다고들 한다. 하지만 사람들의 사리사욕과 가정이 이것들을 대체한다. 그런 사람들을 비판하자는 것이 아니다. 뭔가 중요한 일이 벌어지고 있다. 말하자면 가정이나 의견이 인간 마음속에 있는 컴퓨터 프로그램처럼 기능하고 있다. 이런 프로그램이 최초의 좋은 의도를 대체하고 자체적으로 의도를 양산해낸다.

이삼 십 명으로 구성된 집단은 전체 사회의 축소판에 가깝다고 할 수 있다. 지금까지 살펴본 큰 집단처럼 그런 소규모 집단에도 여러 가지 다른 의견과 가정이 존재한다. 앞서 말한 대로 사람 수에 상관없이 대화는 가능하다. 상대가 반드시 한 명일 필요는 없다. 두 명, 세 명, 네 명과도 얼마든지 대화를 나눌 수 있다. 심지어 자기 의견을 결정하기 전에 이런저런 의견을 가늠하면서 자신과 나누는 대화도 가능하다. 하지만 규모가 너무 작은 집단은 효과적으로 굴러가지 않는다. 대여섯 사람이 모인 경우는 서로의 성향을 알고 맞추기가 수월하기 때문에 상대를 화나게 할 만한 이야기가 좀체 나오지 않는다. 기분 좋게 서로에게 맞춰주며 의견을 조율하는 쪽을 택한다. 대여섯 사람을 상대로는 서로에게 예의를 차리는 것이 어렵지 않기 때문에 갈등의 소지가 있는 화제 자체를 피한다. 사실 그런 작은 집단에서 구성원 사이에 대립이 생기면 해결이 이만저만 어려운 것이 아니다. 이러지도 저러지도 못하는 교착 상태에 빠지기 십상이다. 규모가 비교적 큰 집단에서도 처음에는 예의를 차린다. 하지만 시간이 조금 지나면 곤란해할 화제도 피하지 않는다. 예의를 차리는 정중한 태도는 금세 사라진다. 구성원이 20명 이하인 집단에서는 그렇지 않을 수도 있다. 시간이 흐르면서 서로 친해지면 자연스럽게 피해야 하는 예민한 구석도 알게 되기 때문이다. 그렇게 되면 참가자는 이런 요소를 참작하고 고려하여 대화를 진행한다. 고려 사항이 감당하기 힘들 만큼 많지 않다는 의미다. 하지만 구성원이 사오 십 명이 되면 고려해야 하는 사항이 '너무' 많아진다.

그러므로 구성원을 20명 정도로 늘리면 뭔가 다른 상황이 벌어지기 시작한다. 단일 모임으로 손쉽게 조직할 수 있는 최대 인원은 40명 정도다. 20명에서 40명 규모의 집단에서는 소위 미시 문화 혹은 소문화라고 부르는 것이 나타나기 시작한다. 다양한 하위문화 출신이 모여서 전체 문화를 집약적으로 보여주는 일종의 축소판을 만든다. 그리하여 '집단적으로 공유된 의미', 즉 문화라는 문제가 대두된다. 집단적으로 공유된 의미는 매우 강력하기 때문에 이는 아주 중요한 문제다. 집단 사고collective thought는 개인의 사고보다 훨씬 강력하다. 이미 말한 것처럼 개인의 사고는 대부분이 집단 사고와 타인과의 상호작용의 결과물이다. 언어는 전적으로 집단적이며 언어로 표현되는 거의 모든 사고도 마찬가지다. 모든 구성원이 자신의 장점을 살려서 집단 사고에 공헌하지만 집단 사고에 크게 변화를 주는 사람은 거의 없다.

집단의 힘은 개별 구성원의 힘을 단순히 합친 값이 아니다. 개인의 힘을 합산한 것보다 훨씬 크고 강력하다. 나는 다른 데서 이것을 레이저 광선에 비유할 수 있다고 말했다. 일반 빛은 물리학 용어로 '비간섭성'이라고 하는데, 이는 빛이 전파되면서 사방으로 퍼진다는 의미다. 그런 빛은 파장이 서로 일치하지 않기 때문에 강력해질 수가 없다. 하지만 레이저는 매우 강력한 간섭성 광선을 만들어낸다. 이런 광선은 위상과 파장이 일정하여 흩어지지 않고 일정한 방향으로 향하기 때문에 강력하다. 따라서 레이저 광선은 일반 빛으로 불가능한 다양한 일을 해낼 수 있어 실생활에서 다양한 용도로 쓰인다.

인간의 일반적인 사고를 빛에 비유하자면 당연히 비간섭성 빛이라 할 수 있다. 온갖 방향으로 분산되어 있고 서로 대립하고 반목하기 때문이다. 빛의 경우에는 이를 비간섭성이라고 했지만 인간 사고에서는 '비일관성'이라고 부를 수 있을 것이다. 만약 우리가 비일관성을 버리고 일관된 방법으로 함께 사고한다면 레이저 광선처럼 엄청난 힘을 가진다. 이것이 내가 권장하고 주장하는 내용이다. 우리가 진정한 의미의 대화 상황에 있다면, 다시 말해 오랜 기간에 걸쳐 대화를 계속하고 그런 과정에서 구성원들이 서로 익숙해진 그런 상황에 있다면 일관된 사고와 커뮤니케이션 활동이 가능하다. 이런 상황에서 사고는 우리가 인지하는 명시적인 차원에서뿐만 아니라, 막연한 느낌만 갖고 있는 암묵적인 차원에서도 일관성을 가질 것이다. 사실 명시적인 일관성보다 암묵적인 차원에서의 일관성이 더욱 중요하다.

'암묵적'이란 말은 없다는 의미인 동시에 표현이 불가능하다는 의미다. 자전거를 타는 데 필요한 지식이 대표적인 예인데 일관성이 있든 없든 이는 매우 실질적인 지식이다. 사고도 사실은 이처럼 난해한 암묵적 과정이라는 것이 나의 생각이다. 사고를 하는 구체적인 과정은 매우 암묵적이다. 기본적으로 의미가 암묵적이다. 사고에서 명확하게 말로 표현할 수 있는 것은 아주 작은 부분에 불과하다. 우리가 거의 모든 일을 이런 암묵적 지식에 의존해서 수행하고 있다는 사실을 모두들 인정하리라 생각한다. 사고는 암묵적 영역에서 생기며, 무엇이 되었든 사고에서 근본적인 변화도 모두 암묵적 영역에서 나온다. 따라서 우리가 암묵적인 차원에서 커뮤니케이션을 하고 있다면 사고는 변화하고 있을지도 모른다.

누구에게나 암묵적인 과정은 공통적이다. 말하자면 이는 공유되고 있다. 이런 공유는 명시적인 커뮤니케이션과 신체 언어에 국한되지 않는다. 사실 눈에 보이는 것은 극히 일부에 불과하며, 모두가 공유하는 심층적인 차원의 암묵적 과정 역시 존재한다. 인류 탄생 이래 우리는 백만 년 동안 이런 과정을 알았고, 문명이 시작되고 5천 년 동안 이를 망각했다는 것이 나의 생각이다. 그런 과정을 수행하기에는 사회가 너무 커져 버렸기 때문이다. 하지만 이제 다시 시작해야 한다. 지금 우리에게는 소통해야 하는 긴급한 요구가 있기 때문이다. 지금 요구되는 사안을 현명하게 처리하려면 의식을 공유하고 함께 사고해야 한다. 대화 집단에서 벌어지는 상황을 직시하자. 대화 집단은 사회의 축소판이므로 사회 전체에서 벌어지는 상황의 핵심을 파악하는 것이나 마찬가지다. 혼자서는 그런 핵심을 상당 부분 간과하게 되고, 일대일 대화에서도 제대로 파악하기가 쉽지 않다.

대화 참여

대화의 기본 개념은 아마도 사람들이 둥글게 앉는 것이리라. 이런 자리 배치는 누구도 특별 대우를 하지 않으며, 참가자가 누구와도 직접적인 커뮤니케이션을 할 수 있다는 장점이 있다. 원칙적으로 대화는 주도자와 의제 없이 진행되어야 한다. 물론 우리는 주도자와 의제가 있는 모임에 익숙하다. 그래서 리더 없이 모임을 시작하고 아무런 의제나 목적 없이 발언해야 한다면, 대다수가 적잖이 당황하고 심리적인 불안도 클 것이다. 하지만 대화에서 중요한 개념 중의 하나는 바로 이런 불안에 맞서고 이를 극복하는 일이다. 지금까지의 경험에 따르면 한두 시간 이렇게 하다 보면 불안이 사라지고 오히려 더욱 자유롭게 이야기를 나눈다.

집단이 모이고 어울리도록 돕는 퍼실리테이터를 두는 것이 유용할 수도 있다. 퍼실리테이터는 보통 집단을 지켜보면서 때때로 끼어들어 진행 상황을 설명해준다든가 하는 역할을 한다. 하지만 퍼실리테이터의 가장 중요한 임무는 자신이 없이도 대화가 원활히 진행되고 모임이 굴러가게 하는 것이다. 그러기까지는 어느 정도 시간이 걸릴 수도 있다. 일단은 규칙적으로 만나 대화를 계속해야 한다. 주간, 격주, 어떤 주기로든 만나되 중요한 것은 1년, 2년, 혹은 그 이상으로 만남을 오랫동안 지속해야 한다는 점이다. 그러는 동안에 앞서 이야기한 모든 현상이 나타난다. 그리고 사람들은 서서히 퍼실리테이터의 의존도를 낮추는 법을 터득할 것이다. 당장은 아니더라도 그것이 이면의 목표다. 지금은 리더가 없으면 사회가 제대로 돌아가기 힘들다는 생각이 지배적이다. 하지만 리더가 없어도 가능할 것이다. 적어도 나는 그렇게 생각하는데 리더를 두지 말자는 것이 내 주장이다. 물론 일종의 실험으로 반드시 성공한다는 보장은 없다. 하지만 새로운 모험은 항상 이런 요소를 수반한다. 모든 증거를 검토하고 무엇이 최선의 아이디어인가를 생각한다. 그리고 해당 아이디어에 대해서 무슨 말을 할지, 자신의 견해는 무엇인지를 생각한다. 검토와 생각이 일차적으로 마무리되면 모험을 시작한다.

대화를 시작한 초기에는 개인적인 문제나 질문이 화제가 되기가 힘들다. 하지만 주간이나 월간 단위로 대화를 계속하다 보면 그런 일도 가능해진다. 나중에는 사생활뿐만 아니라 무엇이든 화제가 될 수 있지만 참가자가 서로를 알고 신뢰하고 공유하는 인간관계를 구축하는 것이 먼저다. 처음부터 사적인 대화를 기대하기는 무리가 따른다. 시간이 흐른 뒤에는 사생활까지 이야기하고 공유할 수 있는 분위기가 형성되겠지만 실제로는 대화에서 개인적인 문제가 큰 비중을 차지하지 않는다. 누군가 개인적인 문제가 있으면 집단이 함께 고민해 볼 수는 있다. 그러지 못할 이유가 전혀 없기 때문이다. 하지만 개인적인 문제로 대화가 시작되는 경우는 드물 것이라는 것이 나의 생각이다. 대화 집단의 주된 관심사는 개인적인 문제가 아니라 전체를 아우르는 문화적인 것이기 때문이다. 하지만 개인적인 문제와 문화가 뒤섞인 경우도 많기 때문에 사생활 문제가 대화의 화제가 되는 것은 얼마든지 가능하다.

대화 집단은 함께 모여 치료를 모색하는 일종의 치료 집단therapy group과는 다르다는 사실도 명심해야 한다. 대화 결과로 그런 일이 일어날 수 있지만 대화 집단이 누군가를 치료하자고 모인 것은 결코 아니다. 말하자면 치료가 대화 집단의 목적은 아니다. 이런 부분을 연구했던 친구 패트릭 드 메르Patrick de Mare 박사는 대화 중에 부수적으로 일어나는 치료를 '개인적인 치료'가 아니라 '사회적인 치료'라고 부른다. 대화 집단은 사회의 축소판이므로 해당 집단 혹은 집단 내의 개인이 '치유된다면' 이는 사회 치유의 시작점이 된다는 의미다. 원한다면 이런 견해를 깊이 살펴볼 수도 있으리라. 한계는 있지만 분명 유효한 견해다. 대화 집단은 소위 '엔카운터 그룹'도 아니다. 엔카운터 그룹 또한 치료를 목적으로 하며, 참가자가 자신의 감정을 드러내어 치료에 이르도록 하는 것이 주된 내용이다. 대화 집단은 감정 표출을 목적으로 하지도 않지만 그렇다고 감정 표출을 막지도 않는다. 경우에 따라서는 구성원의 감정 대립이 기저의 가정을 끌어내는 역할을 하기도 한다. 특정한 두 사람이 서로를 향해 일대일로 말을 하는 경우에 흔히 발생하는 상황이다. 얼마 지나지 않아 사람들이 서로를 어느 정도 알게 되어 신뢰가 쌓이면 집단 전체 혹은 집단 안의 누구에게든 아주 직접적인 방식으로 말을 할 수 있게 된다.

꽤 오래전에 북아메리카의 한 부족과 오랫동안 생활을 같이한 인류학자가 있었다. 부족은 50명쯤 되는 작은 집단이었다. 수렵과 채집을 하는 부족은 20명에서 40명 규모로 생활하는 것이 일반적이다. 이에 반해 농경 집단은 규모가 훨씬 크다. 부족은 때때로 둥글게 모여 앉았다. 그들은 그저 계속 이야기를 할 뿐 특별한 목적이 있는 것 같지 않았다. 어떤 결론을 내리지도 않았다. 모임을 이끌고 대화를 주도하는 지도자도 없었다. 부족원이면 누구나 참석할 수 있었다. 발언을 하면 상대적으로 주목을 받는 소위 지혜자로 통하는 사람이 있긴 했지만 누구한테나 발언권이 있었다. 영원히 계속될 것 같던 대화가 어느 순간 아무런 이유 없이 멈췄고 사람들이 흩어졌다. 하지만 그런 모임이 끝나고 나면 모두가 자기가 할 일을 깨닫는 것 같았다. 이유는 대화를 통해 서로를 충분히 이해했기 때문이다. 그런 다음 그들은 소집단으로 모여서 결정을 내리거나 뭔가를 실행에 옮겼다.

대화 집단에서는 뭔가를 어떻게 할 것인가를 결정하려 하지 않는다. 이는 대화 집단에서 아주 중요한 부분이다. 그렇지 않으면 참가자가 자유롭게 말할 수가 없다. 뭔가를 해야 하고, 어떤 결론을 내려야 하고, 말할 것과 말하지 말아야 할 것이 정해져 있는 상황에서 자유로운 대화란 불가능하다. 그런 것에서 자유로운 공간이 있어야 한다. 이런 대화 집단은 열려 있고 자유롭다. 그야말로 비어 있는 공간이다. '여가leisure(餘暇)'라는 단어도 '빈 공간'이라는 의미를 갖고 있다. 여가의 반대말인 '바쁘다'는 의미의 영어 단어 'occupied'는 글자 그대로 해석하면 공간이 '차 있다'는 말이다. 그러므로 대화 집단에서는 무엇이든 들어올 수 있는 빈 공간을 갖는 것이 중요하다. 대화를 끝내고 나서는 그저 비우면 그만이다. 대화 집단은 뭔가를 축적하려 하지 않는다. 이 또한 대화에서 중요한 점 중에 하나다. 지두 크리슈나무르티가 말한 것처럼 '뭔가를 담으려면 컵이 비어 있어야 한다'.

대화 집단은 정해진 목표가 없어야 한다는, 어쨌든 절대적인 목표가 없어야 한다는 주장이 그렇게 불합리한 것은 아니다. 조사 등이 필요한 경우 대화 집단도 목표를 정할 수는 있지만 어디까지나 상대적인 것이지 절대적이지 않다. 말하자면 특정 목표에 얽매이지 않으며, 전체 집단이 해당 목표를 무한정으로 따라야 한다고 주장하지도 않는다. 인류의 생존은 누구나 바라는 것이지만 그것조차도 대화 집단의 절대적인 목표는 아니다. 굳이 말하자면 대화 집단의 진정한 목표는 진실 안에서 일관성 있는 소통을 하는 것이다.

우리 문화는 일반적으로 대규모 집단을 선호하는데 여기에는 두 가지 이유가 있다. 하나는 오락과 재미를 위해서다. 다른 하나는 유익한 뭔가를 해내기 위해서다. 하지만 대화에서는 아무런 의제도 제시하지 말아야 하고, 유익한 성과를 거두려 하지도 말아야 한다는 것이 나의 주장이다. 유익한 목표나 목적을 달성하려 하는 순간 사람들은 무엇이 유익한지 나름의 가정을 갖게 되고 그런 가정이 사람들을 구속한다. 일단은 저마다 유익하다고 생각하는 것이 다를 것이다. 이런 생각의 차이가 문제를 야기한다. 세상을 구하고 싶은 사람, 교육사업을 하고 싶은 사람, 돈을 벌고 싶은 사람도 있다. 그 외에 무엇이든 가능하다. 유익한 무엇을 추구하는 것은 기업 내의 대화에서도 문제가 될 수 있다. 기업이 존재하는 주된 목적은 수익 창출인데, 그렇다면 이런 기본 목표를 포기하는 것인가? 기업이 그렇게 할 수 있다면 이것이야말로 인류의 진정한 변화가 될 것이다. 내가 보기에는 많은 기업 임원이 이윤 추구에만 매달리는 현실에 만족하지 못하고 있다. 그들은 기업을 구하는 것만이 아니라 다른 중요한 뭔가를 진심으로 하고 싶어 한다. 그들이라고 해서 지금 세상이 마냥 마음에 드는 것은 아니리라. 그들 모두가 돈만 아는 수전노거나 이윤 추구에 눈이 먼 것은 아니다.

대화 집단이 새로 생기면 초기 잠시 동안은 사람들이 요점을 에둘러서 말한다. 요즘은 어떤 관계든 요점을 대놓고 말하는 것을 피하는 것이 대세다. 사람들은 주로 돌려 말하고 귀찮고 성가신 일을 피한다. 이런 사회 관행은 초기 대화 집단에서도 지속될 것이다. 하지만 만남이 지속되면 어느 순간부터 그런 경향이 약해지기 시작한다. 실제 있었던 예를 하나 들자면 이렇다. 어느 날 저녁 참가자 중에 한 사람이 말했다. "딱 좋네요. 지금 우리는 철학 이야기를 하고 있으니까요. 제가 가져온 괜찮은 책이 있는데 조금 읽어드려도 될까요?" 일부 참가자가 말했다. "아니요." 그래서 남자는 읽지 않았다. 이런 직접적인 대화 방식이 충격일 수도 있지만 효과적이었다.

사실 효과가 있을 수밖에 없다. 사람들은 서로 다른 관심사와 이해관계, 가정을 가지고 집단에 참여한다. 처음에 그들은 아마 협상을 할 것이다. 이는 대화의 예비 단계다. 말하자면 서로 접근법이 다르면 얼마간은 협상을 해야 한다. 하지만 협상은 대화의 끝이 아니라 오히려 시작이다. 대화를 진행할 공통 방법을 찾는 것도 협상에 포함된다. 협상을 필요로 하는 문제는 분명 있다. 하지만 협상이 나름 효과가 있지만 그것만으로는 멀리 가지 못한다.

요즘 사람들이 하는 대화를 들여다보면 협상에 중점을 두는 경우가 많다. 하지만 이미 말한 것처럼 협상은 예비 단계일 뿐이다. 대화에 처음 임하는 사람들은 보통 심층 화제를 논할 준비가 되어 있지 않다. 처음에는 협상을 하는 정도다. 협상은 서로 거래를 하는 것으로 서로에게 맞춰주면서 이렇게 말한다. "좋습니다. 무슨 말씀인지 알겠습니다. 그것이 당신에게 중요한 모양이군요. 양쪽 모두 만족할 만한 방안을 찾아봅시다. 제가 여기를 약간 양보할 테니 당신도 조금 양보해주시지요." 이는 진정한 의미에서 친밀한 관계라고 볼 수 없지만 그런 관계로 가는 단초가 될 수 있다.

대화 집단은 어디서든 시작할 수 있다. 중요한 것은 해당 집단과의 동질감이 아니라 오히려 전체 과정이다. 누군가는 '정말 훌륭한 집단'이라고 말할지 모르지만 사실 중요한 것은 과정이다.

이런 식의 대화를 계속하면 참여자들 사이에 변화가 일어나는 것을 느낄 수 있다. 그들은 대화 집단 밖에서도 과거와는 다르게 행동한다. 그리고 대화 집단 활동을 널리 퍼뜨리기 시작한다. 성서에 나오는 씨앗 비유처럼 일부는 돌투성이 거친 땅에 떨어져 많은 결실을 맺지 못하지만, 일부는 좋은 토양에 떨어져서 수십, 수백 배의 결실을 맺는다. 사실 어려움은 어디서 어떻게 대화 집단을 시작해야 할지 알 수 없다는 것이다. 이 책에서 말하는 아이디어, 커뮤니케이션, 사고방식 등은 그런 대화 집단 형성에 도움이 되는 일종의 씨앗이다. 하지만 많은 대화 집단이 결실을 맺지 못하고 실패한다고 해서 놀랄 필요는 없다. 그것이 불가능을 의미하지는 않으니까.

중요한 점은 영원히 존속하는 불변의 대화 집단을 만드는 것이 아니라, 변화를 가져올 만큼 충분히 오래 지속되는 대화 집단을 만드는 것이다. 대화 집단을 너무 오래 유지하면 타성에 빠질 우려도 있다. 하지만 대화 집단이 제대로 기능하려면 최소한 어느 정도 기간은 유지되어야 한다. 1년이나 2년 대화를 계속하는 것과 정기적으로 모이는 것이 중요하다. 대화 집단을 계속 유지하다 보면 앞서 말한 온갖 문제가 생긴다. 참여자의 뿌리 깊은 가정이 드러나고 때로는 대립하는 것도 피할 수 없는 과정이다. 실망하고, 혼란을 느끼고, 가치가 없다는 생각도 들 것이다. 시오니즘이 필요하다는 가정을 갖고 있었던 이스라엘 사람을 기억하는가? 그도 원래는 침착하고 예의 바른 태도를 견지하고 싶었을 것이다. 하지만 누군가가 자신의 심기를 건드리는 말을 하자 순간적으로 자제심을 잃었다. 대화를 오래 지속하다 보면 참가자가 갖고 있는 뿌리 깊은 가정이 표면으로 드러나면서 갈등과 대립이 생긴다. 하지만 참가자가 그런 상황에도 대화를 계속해야 한다는 사실을 알고 포기하지 않으면 거기서 새로운 뭔가가 만들어진다.

지금까지 내용을 보면 알겠지만 내가 말하는 대화는 항상 즐거운

오락거리도, 눈에 띄게 유익한 뭔가를 내놓은 것도 아니다. 어려워지는 순간 그만두고 싶은 생각이 들지도 모른다. 하지만 대화의 지속이 무엇보다 중요하다는 것이 나의 생각이다. 실망과 좌절에도 계속해야 한다. 뭔가가 중요하다고 생각하면 어떻게든 하게 된다. 에베레스트 등반을 예로 들어보자. 순간순간 행복할 수는 있지만 대부분의 시간은 고난의 연속이라고 봐야 한다. 따라서 에베레스트에 오르는 사람은 누구든 어떤 이유에서든 그것이 무척 중요하다고 생각한다. 그렇지 않으면 그런 고난을 감수하려 하지 않을 것이다. 여러 가지 직업을 갖고 돈을 버는 것도 마찬가지다. 스스로 진정 필요한 일이라고 느끼면 하게 된다.

우리에게 진정 필요한 것은 의미를 공유하는 일이다. 사회란 사람과 조직의 연결망 같은 것이다. 사회 덕분에 우리는 함께 살 수가 있다. 하지만 사회가 제대로 기능하려면 우리가 같은 문화를 갖고 있어야 한다. 이는 우리가 의미를 공유한다는 뜻이다. 말하자면 의의, 목적, 가치 등을 공유해야 한다. 그렇지 않으면 사회는 붕괴된다. 현재 우리 사회는 일관성이 없으며 의미의 공유도 원활치가 않다. 과거에는 잘했는지 모르지만 그렇지 않은지가 이미 오래되었다. 우리가 가진 각기 다른 가정이 암묵적으로 의미 전체에 영향을 미치고 있다.

가정 유보

어떤 집단이든 구성원은 각자의 가정을 집단으로 가져오는데 만남이 지속되면 그런 가정이 드러난다. 그러므로 가정을 유보하는 태도가 필요하다. 가정을 가져오되 그대로 따르지도 않고 그렇다고 억누르지도 않는 태도다. 가정을 믿지도 그렇다고 불신하지도 않는다. 좋고 나쁨을 판단하지도 않는다. 화가 나면 사람들은 보통 분노를 외부로 표출하고 상대를 모욕하는 불쾌한 말을 내뱉기도 한다. 내가 그런 반응을 유보한다고 가정해보자. 그런 경우 나는 외부적으로 상대를 모욕하지 않을 뿐만 아니라 나의 내면에 생긴 상대에 대한 모욕도 유보한다. 누군가를 드러나게 모욕하지는 않더라도 속으로 그를 모욕할 수가 있다. 그런 내면의 반응 또한 유보한다는 것이다. 나는 감정을 드러내지 않고 성찰하고 있다. 거울 앞에 서서 비춰보는 것처럼 감정을 눈앞에 매달아 두고 관찰한다고 생각할 수도 있다. 그렇게 함으로써 나는 무작정 감정을 표출하거나 '나는 화나지 않았어.' 또는 '화를 내면 안 돼.'라고 생각하면서 감정을 억눌렀더라면 보지 못했을 것들을 볼 수 있다.

그리하여 전체 집단은 참가자 각자에게 하나의 거울이 된다. 당신도 다른 사람에게, 다른 사람 역시 당신에게 일종의 거울 역할을 한다. 이런 과정 전체를 관찰하는 것은 상황을 명확하게 이해하는 데 도움이 된다. 왜냐하면 이런 과정을 통해서 모두가 같은 처지에 있다는 사실을 알게 되기 때문이다.

이처럼 가정을 유보한 다음에는 대화에서 오가는 생각, 신체의 느낌, 감정 사이의 연관성을 파악해야 한다. 유심히 관찰하면 구두 발언뿐만 아니라 몸짓을 비롯한 신체 언어에서도 우리가 다르지 않다는 사실을 확인할 수 있다. 그들은 다만 다른 쪽에 있을 뿐이다. 집단이 둘로 나뉘어 강력하게 대립할 수도 있다. 하지만 걱정할 필요는 없다. 이런 현상이 드러나도록 하는 것도 대화의 목적 중에 하나다. 굳이 억누를 필요가 없다.

그러므로 대화에서 드러나는 가정과 반응이 무슨 의미인지를 그저 파악하라. 자신의 가정과 반응뿐 아니라 다른 사람의 그것까지도 말이다. 대화 참가자는 누군가의 의견을 바꾸려 하지 않는다. 모임이 끝나면 누군가는 의견이 바뀔 수도 있다. 참가자가 어떤 결론이나 판단도 내리지 않고 서로 무슨 생각을 하는지를 이해하는 것도 내가 생각하는 대화의 중요한 부분이다. 대화가 계속되면서 가정이 드러난다. 거기에는 생각하기에 따라 터무니없는 그런 가정도 있다. 그런 말을 들으면 화를 내거나 흥분하는 식으로 반격하는 것이 자연스럽겠지만 그런 반응을 유보한다고 상상하라. 어쩌면 자신이 가정을 갖고 있다는 사실조차 모르고 있었을 수도 있다. 알고 보니 당신의 가정과 반대되는 가정을 상대가 내놓았기 때문에 흥분한 것일 수도 있다. 그 밖에도 다른 가정이 있다면 드러내도 상관없다. 모두가 가정을 유보한 채 관찰하면서 어떤 의미인가를 생각하고 있으니까.

적대적이든 아니든 스스로의 반응을 감지할 필요가 있다. 다른 사람의 반응은 그들의 행동과 태도를 보면 알 수 있다. 분노 같은 감정이 너무 격할 경우 모임이 사라질 수도 있다. 분위기가 너무 험악하다 싶으면 특정 의견을 고수하지 않는 중립적인 사람이 끼어들어 중재하고 상황을 진정시켜야 한다. 무엇보다 참가자가 상황 파악을 할 수 있게 하는 것이 중요하다. 상황을 볼 수 없을 만큼 분위기가 격앙되어서는 안 된다. 다양한 의견이 나옴과 동시에 차분히 살필 수 있을 정도의 분위기를 유지하는 것이 중요하다. 타인의 적대감이 당신을 자극하는 상황에 직면할 수도 있다. 하지만 그것조차 관찰하고 유보해야 하는 대상이다. 그렇게 하다 보면 인간의 사고 작용에 더욱 친숙해진다.

필요로 인한 충동

지금까지 우리는 대화와 사고에 대해서 이야기했다. 또한 각종 의견과 관점의 내용뿐 아니라 전체 과정에 주의를 기울이는 것이 중요하다는 점과 이런 과정을 하나로 통합하는 방법을 이야기했다. 더불어 이런 과정이 우리 자신, 우리의 감정과 신체 상태에 어떻게 영향을 미치는지, 타인에게는 어떻게 영향을 미치는지도 살펴보고 있다. 실질적인 사고 과정과 사고가 일어나는 순서에 귀 기울여 세심하게 관찰하고 관심을 쏟는 것, 사고의 비일관성과 적절히 기능하지 않는 부분에 주의를 기울이는 모든 것이 정말로 중요하다. 지금 우리는 뭔가를 바꾸려 하는 것이 아니라 그저 의식하려는 것이다. 그런 과정을 통해서 우리는 집단 내의 문제가 개인의 내면에서 나타나는 갈등이나 일관성 없는 사고와 유사하다는 것을 알게 된다.

이 과정에서 특정 유형의 사고가 다른 유형의 사고에 비해 중요한 역할을 한다는 사실도 알게 되리라는 것이 나의 생각이다. 가장 중요한 역할을 하는 사고 중에 하나가 바로 필요하다는 생각이다. '필요하다' 함은 다른 방식으로 대체가 불가능하다는 의미다. 말하자면 반드시 그렇게 되어야 한다. '필요하다'는 뜻의 영어 단어 'necessary'가 '양보하지 않는다'는 의미의 라틴어 'necesse'에 어원을 두고 있다는 사실은 무척 흥미롭다. 정말로 '한쪽으로 치울 수 없는 것'이라는 뜻이다. 살다 보면 이런저런 문제가 생기게 마련인데 문제를 한쪽으로 치우거나 치울 수 없는 경우에 우리는 피하는 방식으로 해결하게 된다. 하지만 말한 것처럼 옆으로 치울 수 없는 필요 불가결한 사항, 즉 '필요necessity'가 생길 수가 있다. 그런데 상대뿐 아니라 우리에게도 옆으로 치울 수 없는 '필요'가 있을 수 있다. 그런 경우 사람들은 실망과 좌절감을 느끼는데 각자의 '필요'가 절대적이며, 이런 절대적인 '필요'가 서로 충돌한다. 흔한 경우로는 당신이 자기 의견을 접을 수 없고, 상대도 마찬가지로 그런 상황이 발생할 수 있다. 이때 우리는 상대의 의견 때문에 마음이 어지럽고 방해를 받는다고 느낀다. 따라서 양쪽 모두 갈등 상태에 놓인다.

'필요'는 강한 충동을 야기한다. 일단 무언가가 '필요하다'고 느끼면 실행하거나 실행하지 않으려는 충동이 생긴다. 어느 쪽이 되었든 필요 충동은 워낙 강력해서 억지로라도 그렇게 하지 않으면 안 된다는 압박감을 느낀다. 필요는 가장 강력한 힘 중에 하나로 사실상 모든 본능에 우선한다. 뭔가가 '필요하다'고 생각하면 사람들은 자기 보호 본능을 포함하여 온갖 것을 거스르는 행동을 서슴지 않는다. 개인적으로든 집단적으로든 대화에서 갈등은 이런 필요라는 개념을 둘러싸고 생긴다. 가정에서든 대화 집단에서든 심각한 언쟁은 모두 절대적으로 '필요한' 것이 무엇인지 관점이 다른 데서 발생한다. 그런 상황이 아니라면 언제든 필요에 대한 협상을 통해 최우선 순위를 정하고 조정할 수가 있다. 하지만 양쪽이 주장하는 것이 모두 '절대적으로' 필요하면 협상이라는 일반적인 방법을 활용할 수 없다. 이것이 바로 협상의 약점이다. 두 나라가 서로 주권을 가지고 있다며 절대적인 필요성을 주장한다. 이런 경우 양쪽이 필요의 생각을 바꾸지 않으면 해답이 없다.

결국 문제는 이처럼 다른 절대적인 필요가 충돌할 경우 어떻게 해야 하는가이다. 가장 먼저 나타나는 것은 앞에서도 말한 것처럼 감정적인 반응이다. 분노, 증오, 좌절 같은 강렬한 감정이 고조되는 것이다. 절대적인 필요성이 존속하는 한은 무엇도 상황을 바꿀 수 없다. 양쪽 모두 각자의 입장을 고수할 타당한 이유와 절대적으로 필요한 것을 방해하는 상대를 미워할 타당한 이유가 있다고 생각하기 때문이다. '어리석게도 그는 이를 완강하게 거부하고 있다.'는 식으로 말이다. 심지어 그들 모두를 죽여야 한다는 사실이 안타깝긴 하지만 국가나 종교, 다른 무엇을 위해 절대적으로 필요한 일이라고 생각할 수도 있다. 역사적으로 그런 일은 드물지 않고 지금도 자행되고 있다. 절대적 필요라는 개념이 얼마나 가공할 위력을 지녔는지 알 수 있는 대목이다.

대화에서도 절대적인 필요는 등장하고 서로 충돌하는 상황이 발생할 수 있다. 그런 일이 일어나면 해결이 쉽지 않다는 것을 알기 때문에 사람들은 일단 그런 상황을 피하려 하고 그런 질문을 회피한다. 하지만 대화를 계속하다 보면 그런 상황이 등장한다. 중요한 것은 그런 상황에서 어떻게 하느냐이다. 무조건 회피하는 것은 상수가 아니다.

앞에서 우리는 '대화에서는 중요한 일이 일어날 수 있다'는 이야기를 했다. 사람들이 대화를 계속하면 전체적인 태도가 바뀐다. 어느 순간에 우리는 각자가 똑같은 행동을 하고 있다는 사실을 깨닫는다.

말하자면 모두가 각자의 절대적인 필요를 주장하고 고수하고 있다는 사실을 말이다. 더불어 그런 상황에서는 아무것도 할 수 없다는 사실도 분명해진다. 그쯤 되면 '이것이 절대적으로 필요한가' 하는 의문이 들 수밖에 없다. '이것이 절대적으로 필요하다'는 생각 때문에 참으로 많은 것이 파괴되고 있다는 깨달음과 함께 말이다. 일단 그런 의문을 품고 '이것이 절대적으로 필요합니까?'라는 질문을 던지면 고조되었던 갈등과 긴장이 상당히 누그러진다. '글쎄, 어쩌면 절대적으로 필요하지는 않을 수도 있지.'라고 대답하는 사람도 있을 것이다. 그러면 모든 것이 한결 수월해지는데 갈등이 사라지고 진정으로 필요한 것이 무엇인가를 새롭게 탐색할 수 있다. 더불어 대화 전체가 창조적인 새로운 영역으로 진입한다. 나는 이것이 핵심이라고 생각한다.

우리가 만들어내거나 발견해야 하는 필요라는 개념은 어떨까? 화가가 캔버스에 아무렇게나 색칠을 한다면 그것은 아무 의미나 가치가 없을 것이다. 또한 화가가 다른 사람이 정한 필요 개념을 그대로 따른다면 그는 이류밖에 되지 못한다. 훌륭한 화가라면 자신만의 필요 개념과 질서를 창조해야 한다. 그가 만들어내는 작품의 다양한 부분이 내적인 필요성을 가지고 있어야 한다. 그렇지 않으면 예술 작품으로서 높은 가치를 지닐 수 없다. 예술적으로 필요한 것은 창조성이다. 예술가에게는 창조 활동의 자유가 있다. 바로 이런 자유가 새로운 필요에 대한 수요를 창조적으로 인식하고 실현하게 해준다. 그렇게 하지 못한다면 진정 자유로운 것이 아니다. 무엇이든 마음 내키는 대로 하면서 충동 때문에 어쩔 수 없다고 말하는 사람도 있다. 하지만 인간의 충동은 생각에서 비롯될 수 있다는 것이 나의 생각이다. 예를 들어 국제 사회에서 대립하고 있는 두 나라 국민을 생각해보자. 사람들은 사사건건 방해가 되는 상대국 국민을 제거할 '필요가 있다'고 생각하게 되고 그런 생각이 충동을 만들어낸다. 결과적으로 사람들은 상대국 국민을 제거하는 것이 자신들의 자유로운 충동이라고 말한다. 하지만 그렇지 않다. 사고가 그들을 움직이는 것이다. 그러므로 원하는 대로 하는 것은 자유가 아니다. 원하는 것이 사고로 결정되고, 거기에는 일정한 패턴이 있는 경우가 많기 때문이다. 그래서 우리는 집단을 운영할 새로운 방법을 찾을 '필요'가 있는데 여기서 요구되는 것이 바로 창조성이다. 창조적인 새로운 방법은 개인적으로도, 집단 안에서 집단적으로 찾을 수도 있다. 문제를 가진 집단은 문제가 심각할수록 창조적으로 해결해야 한다. 교환이나 협상 같은 과거 방식으로는 불가능하다.

따라서 다음 사항을 명심해야 한다. 어떤 가정에 도달했을 경우 그것이 절대적인 '필요'를 주장하는 가정이라면, 바로 그것 때문에 모든 것이 교착 상태에 빠졌다는 사실을 깨닫고 대처해야 한다.

사고의 자기 수용 감각

사고에 주의를 기울이는 대화라는 개념이 처음에는 단순하게 보였을지 모른다. 하지만 그런 대화가 우리가 안고 있는 문제의 근원에 닿아 있으며, 창조적인 변화로 가는 길을 열어준다는 사실이 명확해지고 있다.

앞에서 말한 사고의 문제점을 기억하는가? 사고는 어떤 일을 하고도 자기가 한 일이 아니라고 말하는데, 거기에 근본적인 문제가 있다는 이야기를 했다. 자기가 한 일을 아니라고 할 뿐 아니라 그것들이 '문제'라고 비난하기까지 하니 적반하장이 아닐 수 없다. 이런 경우 우리가 해야 할 일은 그런 식으로 생각하지 않는 것이다. 그런 식으로 생각하지 않으면 그로 인해 문제도 양산되지 않기 때문이다. '문제'를 만들어내는 사고를 계속하는 한 해결은 불가능하다. 어찌 보면 사고는 자신의 행위로 인한 결과를 의식해야 마땅하지만 현재는 그렇지 못하다. 자신의 행위와 그로 인한 결과를 인식하는 기능은 신경생리학에서 말하는 '자기 수용 감각proprioception'과 관련되어 있다. '자기 수용 감각'을 달리 표현하면 자기 지각self-perception이라 할 수 있다. 인간의 몸은 자신의 동작을 자각하고 인지한다. 몸을 움직일 경우 우리는 의도와 행동의 관련성을 충분히 파악하고 있다. 말하자면 움직이려는 충동과 신체의 움직임이 관련되어 있음을 아는 것이다. 그렇지 않으면 제대로 기능하는 몸이라 할 수 없다.

한 여성이 한밤중에 뇌졸중을 일으켰다. 그녀는 잠에서 깨서 자신을 때리고 있었다. 사람들이 와서 불을 켜보니 그런 상황이었다. 여자의 운동 신경은 멀쩡했지만 감각 신경에 문제가 있어 벌어진 일이었다. 감각 신경이 제대로 기능하지 않는 바람에 그녀는 자신을 만지면서도 자기를 만진다는 사실을 인지하지 못했다. 결국 그녀는 다른 사람이 자신을 만지는 것으로 생각하고 이를 일종의 공격으로 해석했다. 그녀는 자신을 지키기 위해서 상대를 공격했고, 본인이 그럴수록 공격은 오히려 심해졌다. 신체의 자기 수용 감각이 붕괴되어 제구실을 못하는 상황이라 여성은 몸을 움직이려는 의지와 그로 인한 결과 사이에 연관성을 이해하지 못했다. 사람들이 와서 불을 켜자 제구실을 못하던 자기 수용 감각이 다른 방식, 바로 시각을 통해서 되살아났다.

문제는 사고도 자기 수용 감각을 갖고 자기 의도와 행동을 인식할 수 있느냐는 것이다. 보통은 의식하지 못하지만 우리에게는 생각하고자 하는 의도가 있다. 말하자면 생각하려는 의도가 있기 때문에 생각을 하게 된다. 생각하려는 의도는 생각할 '필요'가 있다는 발상, 뭔가 문제가 있다는 발상에서 비롯된다. 우리가 세심하게 주의를 기울이면 생각하려는 의도와 충동을 볼 수 있다. 그렇게 사고가 생기고, 사고가 느낌을 야기하고, 느낌이 다시 생각하려는 다른 의도를 발생시키는 식이다. 하지만 우리는 그런 과정을 인지하지 못한다. 그래서 사고가 혼자 저절로 생기는 것처럼 보이며 감정도 혼자 저절로 생기는 것 같다. 그런 상황이 앞에서 이야기한 뇌졸중을 일으킨 여성의 사례처럼 잘못된 해석을 야기한다. 어떤 생각 때문에 기분이 나빠지면 우리는 잠시 뒤 '그런 기분은 떨쳐 버렸어.'라고 말하며 심기일전을 다짐한다. 하지만 우리가 의식하지 못할 뿐 생각은 사라지지 않고 계속되고 있다. 절대적으로 '필요하다'고 느끼는 생각이라면 더더구나 쉬이 사라지지 않는다.

사실 지금까지 이야기한 문제는 모두 깊이 들어가면 자기 수용 감각의 부재에서 기인한다. 내가 강조한 유보의 핵심도 이런 자기 수용 감각이 기능하도록 만들자는 것이다. 거울에 비춰보는 것처럼 유보를 통해서 자신의 사고 결과를 볼 수 있게 하는 것이다. 사실 우리는 몸 안에 거울을 갖고 있다. 인간의 신체는 거울처럼 작동하기 때문에 우리는 몸에서 생기는 긴장을 보고 인식할 수 있다. 자기뿐만 아니라 타인도 거울이 되고, 집단도 거울 역할을 한다. 우리는 자신의 의도를 봐야 한다. 뭔가 말하고 싶은 충동을 느낌과 동시에 충동은 물론 그것이 가져올 결과까지 인지하는 것이다.

중요한 것은 항상 주의를 기울이는 태도다. 누구나 주의를 기울이면 사람과 사람 사이에 혹은 개인 안에서 생기는 새로운 사고를 볼 수 있다. 이런 사고는 스스로의 의도와 행동을 인지할 수 있는데 자기 수용 감각을 상실한 사고가 흔히 빠져드는 혼란에 빠지지 않는다. 사실 인류의 모든 문제는 사고가 자기 수용 감각을 상실한 데서 기인한다고 말할 수 있다. 사고는 그런 식으로 끊임없이 문제를 만들어내면서 한편으로 문제를 해결하려 한다. 하지만 사고가 문제를 해결하려고 노력하는 과정에서 오히려 문제를 악화시킨다. 사고가 문제의 원인이 자신이라는 사실을 인지하기 못하기 때문이다. 자신이 하고 있는 행동과 결과를 자각하지 못하는 사고를 하면 할수록 더욱 많은 문제가 발생하는 악순환이 계속된다. 우리의 몸이 그런 상태라면 이미 큰일을 당해서 오래 살지 못할 것이다. 같은 논리로 우리 문화가 그런 상태라면 문명이 오래 지속되지 못하리라고 말할 수 있다. 그러므로 개인뿐 아니라 집단 차원에서도 사고의 자기 수용 감각이 필요한데 대화는 이를 가능하게 해준다는 점에서 사회에 중요한 기여를 할 수 있다.

집단적 참여

이런 모든 것이 집단 사고collective thought, 즉 사람들이 함께 생각하는 단계에서 가능하다. 어떤 단계에 이르면 대화 참가자는 적대감 없이 의견을 공유하고 함께 생각한다. 반면에 참가자가 자기 의견만 고수하면 함께 생각하기는 불가능하다. 사람들이 함께 생각하는 광경을 떠올려보자. 누군가가 아이디어를 내놓고, 다른 누군가가 이를 받아들이고, 다른 누군가가 거기에 생각을 보탠다. 여러 사람이 함께 있지만 각각이 다른 사람을 설득하거나 납득시키려 하지 않고 사고가 자연스럽게 흐르는 분위기다.

처음에는 당연히 서로 간의 신뢰가 부족할 것이다. 하지만 참가자가 대화의 의의와 중요성을 안다면 중단하지 않고 계속할 것이다. 대화가 계속되면서 그들은 서로를 알아가고 신뢰하게 된다. 그러기까지는 어느 정도 시간이 걸린다. 처음에 우리는 문화와 사회의 온갖 문제를 안고 있는 그런 집단과 만난다. 앞에서 말한 것처럼 어느 대화 집단이든 내면을 들여다보면 전체 사회의 축소판 모습을 하고 있다. 우리 사회가 그렇듯이 대화 집단 안에도 온갖 종류의 의견과 서로 믿지 못하는 사람이 있다. 거기서 시작해야 한다. 처음에는 다들 의미 없고 사소한 내용을 이야기하다가 시간이 흐르면 보다 의미 있는 것을 말하기 시작한다. 초기 화제는 당연히 피상적인 것들이다. 서로 신뢰가 부족하기 때문에 깊은 내면의 이야기는 아무래도 꺼린다. 그렇게 대화를 계속하면서 사람들은 서서히 서로를 믿는 법을 배운다.

대화의 목적은 사물을 분석하는 것도, 논쟁에서 이기는 것도, 의견을 교환하는 것도 아니다. 오히려 의견을 유보하고 관찰하는 것이다. 모든 참가자의 의견에 귀를 기울이고, 그 의견을 유보한 다음 무슨 의미인가를 보는 것이다. 일단 모든 의견이 의미하는 바를 알면 거기에 완전히 동의하지는 않더라도 공통된 내용을 서로 공유하게 된다. 알고 보면 모든 의견이 중요하지 않은 것으로, 사람들이 갖고 있는 가정에 불과한 것으로 판명될 수도 있다. 그렇더라도 이해하고 의미를 공유하는 것은 중요하다. 모든 의견을 이해한 다음에는 다른 방향으로 보다 창의적으로 나아갈 수 있다. 우리는 단지 의미의 이해만을 공유할 수 있다. 그리고 거기서 진실이 예고 없이 나타난다. 이는 우리가 준비하고 선택하는 것이 아니다.

특정 공간 안에 있는 모든 사람이 의견과 가정을 유보하고 있다면 모두 같은 행동을 하고 있는 것이다. 우리는 모든 것을 함께 보고 있다. 우리의 의식은 본질적으로 동일하다. 이런 상황에서는 기존과는 다른 새로운 의식이 출현할 수 있는데, 바로 참여 의식participatory consciousness이다. 의식이라는 점에서는 동일하지만 참여하고 있다는 사실을 솔직하게 인정하며 참여에 거리낌이 없는 그런 의식이다. 구성원들 사이에서는 온갖 것이 오간다. 모든 구성원이 함께하며 집단 내의 전체 의미를 나누어 가지고 거기에 참여한다. 이런 상태를 우리는 진정한 의미의 대화라고 할 수 있다.

우리가 그렇게 할 수 있고 계속해 나간다면 보다 중요한 어떤 일이 일어날 것이다. 집단의 모든 구성원이 모든 가정을 공유할 것이다. 모두가 모든 가정의 의미를 알면 의식의 내용이 본질적으로 같아진다.

반면에 각각이 다른 가정을 갖고 그것만 고수하면 의식 내용도 다를 수밖에 없다. 그런 경우 사람들은 타인의 가정을 진심으로 받아들이려 하지 않고, 다른 사람을 설득하거나 납득시키려 하면서 그들의 가정에 맞서 싸우거나 무시한다.

대화에서는 납득과 설득이 필요하지 않다. 'convince(납득시키다)'는 이긴다는 의미이며, 'persuade(설득하다)'도 비슷하다. 'persuade'는 'suave(입에 맞다, 상냥하다)', 'sweet(달콤하다)'와 같은 어원을 갖고 있다. 사람들은 때로는 달콤한 말로 설득하려 하고persuade, 때로는 강경한 말로 납득시키려convince 한다. 어느 쪽이든 결과는 있다. 하지만 실제로 가치가 있다고 말할 만한 그런 결과는 아니다. 상대를 설득하거나 납득시켜봐야 아무 소용이 없다. 납득이나 설득은 진정한 의미에서 일관성이 있다고 할 수 없으며 이치에 맞지도 않다. 어떤 것이 옳다면 굳이 설득할 필요가 없다. 어떤 의견을 가지고 누군가를 설득해야 한다면 거기에는 이미 의문의 여지가 있다고 봐야 한다.

모두가 공통의 의미를 공유하면 함께 참여하게 된다. 마치 음식을 나누어 먹듯이 공통의 의미를 나누어 가진다. 모두가 참여하여 의사소통하고 공통의 의미를 창조한다. 그것이 바로 '나누어 가지다'와 '가담하다'는 의미를 동시에 가지는 진정한 의미의 참여다. 이런 참여에서는 공통된 정신이 탄생할 수 있다. 그렇다고 개인의 의견이 배제된다는 것은 아니다. 개인은 각자 의견을 지지할 수 있지만 개별 의견 자체가 집단에 흡수된다.

그러므로 모두가 아주 자유롭다. 집단 정신이 지배하는 무리와는 전혀 다르다. 이는 개인 정신과 집단 정신 사이에 존재하는 무엇이며 양쪽을 오갈 수 있다. 말하자면 개인 정신과 집단 정신이 조화를 이루고 있으며, 조화 속에서 전체가 일관성을 향해 계속해서 움직인다. 개인 정신과 집단 정신 사이에는 개울과 같은 흐름이 존재하기 때문에 의견 자체는 중요하지 않다. 최종적으로 우리는 이런 의견 사이의 어딘가에 있을지 모른다. 동시에 우리는 그것과 무관한 새로운 방향으로, 그 너머에 있는 새롭고 창조적인 방향으로 움직이기 시작한다.

새로운 문화

사회는 사람들이 함께 일하고 살기 위해서 만든 인간관계의 결합물이다. 사회는 규칙, 법률, 제도를 비롯한 다양한 것과 결합되어 있다. 인간은 그런 것을 가지자고 생각하고 동의했고 실행에 옮겼다. 또 그 배경에는 문화가 존재한다. 문화란 바로 공유한다는 의미다. 정부 건설을 예로 들어보자. 정부를 건설하려면 사람들은 어떤 유형의 정부를 원하는지, 어떤 정부가 좋은 정부인지, 무엇이 옳은지 등 공통의 의미에 동의해야 한다. 따라서 문화가 다르면 정부의 역할도 달라진다. 사회의 일부가 이런 의미에 동의하지 않으면 정치 투쟁이 벌어지고, 정치 투쟁이 심해지면 내전으로까지 발전한다.

나는 방금 사회는 공유의 의미에 기반을 두고 있으며, 공유하는 의미가 곧 문화를 이룬다고 말했다. 그런 맥락에서 보면 우리가 일관성 있는 의미를 공유하지 못하면 훌륭한 사회를 만들 수 없다. 지금 사회는 전반적으로 일관성이 매우 떨어지는 의미를 가지고 있다. '공유하는 의미'들이 워낙 일관성이 떨어져서 실제 어떤 의미를 지닌다고 말하기 힘들 정도다. 의미가 있다고 해도 매우 제한적이고, 말하자면 문화가 전체적으로 일관성이 결여되어 있다. 문화 전체에 스며든 이런 비일관성은 특정 집단 혹은 소문화, 미시 문화 등에도 영향을 미친다.

하지만 모든 의미가 드러난다면 우리는 일관성 있는 방향으로 나갈 수 있을지 모른다. 또한 이 과정에서 우리는 자연스럽고 어렵지 않게 많은 의미를 버리게 될지도 모른다. 그렇다고 해서 의미를 받아들이거나 거부하는 것에서 시작할 필요는 없다. 중요한 것은 전체 의미가 일관되지 않으면 우리가 결코 진실에 도달하지 못한다는 사실이다. 과거와 현재의 모든 의미는 함께 존재한다. 먼저 그것들을 파악하고 그대로 두어야 한다. 그러다 보면 어떤 종류의 질서가 생긴다.

우리가 이런 작업을 완수한다면 집단 내에서 일관성 있는 의미를 갖게 된다. 그리고 거기서 새로운 문화가 시작된다. 내가 아는 한에서는 실제로 존재한 적이 없는 그런 종류의 문화다. 만약에 그런 문화가 존재했다면 그것은 아주 먼 과거의 일일 것이다. 아마도 원시 석기 시대 무리 속에서나 존재했을지 모르겠다. 구성원이 일관성 없이 의견과 가정을 고수하지 않는 그런 문화가 출현할 수 있다. 사회가 제대로 기능하기 위해서, 궁극적으로 사회가 살아남기 위해서는 반드시 그런 문화가 필요하다.

전체 사회를 기준으로 보면 그런 문화를 가진 집단은 보잘것없는 미생물 같은 존재일지 모른다. 하지만 미생물은 다양한 방식으로 사회 곳곳으로 퍼져나갈 것이다. 같은 문화를 가진 새로운 집단을 만드는 것은 물론이고 이런 개념을 전달하는 사람을 통해서도 끊임없이 퍼질 것이다.

이런 대화의 정신은 작은 집단으로도, 일대일로도, 심지어 개인 내면에서도 구현될 수 있다. 개인이 모든 의미를 마음속에 품고 있다면 그는 대화 자세를 가진 것이다. 그는 품은 의미들을 꺼내어 언어적이든 비언어적 방법을 통해서든 다른 사람에게 전달할 수 있을 것이다. 어쨌든 이런 대화 개념은 널리 퍼질 가능성이 있다. 이미 많은 현대인이 대화에 관심을 갖고 있으며 대화가 점점 발전하는 것을 볼 수 있다. 이런 의미의 대화를 위한 시기가 충분히 무르익었으며, 향후 대화는 더욱 다양한 분야로 퍼지리라 생각된다.

사회가 제대로 기능하고 존속하려면 의미의 공유와 일관성으로 이끄는 이런 대화가 반드시 필요하다는 것이 나의 생각이다. 그렇지 않으면 사회 전체가 붕괴될 것이다. 공유하는 의미야말로 사회를 진정 하나로 묶어주는 시멘트이다. 그런 면에서 보면 지금 우리 사회는 아주 질이 낮은 시멘트로 접착되어 있다고 할 수 있다. 저질 시멘트로 건물을 지으면 금세 금이 가고 결국에는 무너진다. 지금 우리에게는 역할을 제대로 해줄 질 좋은 시멘트와 접착제가 절실하다. 구성원이 공유하는 의미가 바로 그것이다.

대화의 어려움

지금까지는 대화가 가진 무궁한 가능성을 포함하여 대화의 긍정적인 측면을 이야기했다. 하지만 막상 대화를 시도하면 매우 실망할 수도 있다. 이론적으로뿐만 아니라 나의 실제 경험을 봐도 그렇다. 대화 과정에서 마주치는 일부 어려움을 앞에서도 가끔 언급하긴 했다. 일단 의견이 다양하다는 자체가 좌절감을 주며 불안감도 있을 수 있다. 어떤 규모의 집단이든 대화를 시도하다 보면 많은 어려움을 발견한다. 고집스럽게 자기 주장만 하는 사람도 있다. 항상 그렇게 일을 처리해왔기 때문이다. 그런 사람은 말을 함부로 하고 다른 사람 위에서 군림하려 든다. 스스로를 우월하다고 생각하는 데서 안정감과 만족감을 느끼는 사람이다. 반면에 어떤 이는 이런 부분에서 그렇게 대단한 자부심을 갖고 있지 않다. 이런 사람은 잔뜩 위축되어 말을 아끼는 경향이 있는데 지배하고 군림하는 성향의 사람과 만났을 때는 더더욱 그렇다. 자신이 없는 사람은 혹여 웃음거리가 되지 않을까 전전긍긍이다.

사람들은 각기 다른 다양한 역할을 받아들인다. 어떤 이는 지배하는 역할을 택하고, 또 어떤 이는 지배당하는 약하고 무력한 역할을 선택한다. 그들은 일종의 공동 작업을 한다. 알고 보면 각자의 가정이나 의견에 토대를 두고 있는 그들의 '역할'이 원활한 대화 진행에 지장을 준다. 지배하려는 쪽이든, 지배당하는 쪽이든 어차피 모든 사람은 자신이 어떤 사람인가에 대한 가정을 가지고 있다. 유년 시절부터 주위 사람에게서 들은 이야기도 무시할 수 없다. 너는 이런 사람이라고, 너의 됨됨이는 이러저러하다고 사람들은 끊임없이 판단하고 이를 표출한다. 우리는 살아가면서 좋은 경험이든, 나쁜 경험이든 다양한 경험을 하게 되고 그것들이 쌓여 영향을 미친다. 이런 모든 것이 우리가 대화를 하려고 할 때 나타나는 문제점이다.

이것이 다가 아니다. 더욱 어려운 문제는 사람들이 한시 바삐 자신의 주장을 전달해야 한다는 강박에 가까운 충동, 즉 압박감을 느낀다는 점이다. 이는 아주 흔히 나타나는 증상이다. '말하기 좋아하는 수다쟁이'일 때는 이런 현상이 더욱 심각하다. 수다쟁이가 아닌 사람도 그런 압박감을 느낀다. 다만 표출하는 것이 두려워서 참고 있을 뿐이다. 그렇다 보니 남이 말하는 것을 받아들이고 깊이 생각할 시간이 없다. 사람들은 발언해야 한다는 압박감을 느끼고 자신이 대화에서 소외되었다고 느낀다. 바로 이런 초보적인 이유 때문에 커뮤니케이션 전체가 붕괴된다. 이것이 아주 심각한 문제는 아니지만 원활한 대화를 위해서는 적절히 대처해야 한다. 대화에 여유가 없다 싶으면 사람들은 무엇이든 생각나는 것이 있으면 깊이 생각하지 않고 불쑥 끼어드는 경우가 많다. 그렇다면 말할 사항을 속으로 심사숙고한 다음에 말하는 것이 반드시 옳은 것일까? 꼭 그렇지도 않다. 너무 뜸을 들이다가 뒤늦게 이야기하는 것도 적절치 않다. 이미 대화가 다른 주제로 넘어가고 있는데, 이전 화제를 끄집어내면서 대화의 흐름을 바꾸려 하는 것도 부적절하기는 마찬가지다. '이게 무슨 의미지? 그렇다면 무슨 말을 해야 할까?' 하고 생각하는 사이 화제는 바뀌고 이미 시기를 놓친 것이다. 말하자면 너무 급하게 끼어드는 것도 아니고, 너무 오래 뜸을 들이는 것도 아닌 미묘한 지점이 중간에 존재한다. 예를 들어 잠시 말이 끊긴 침묵의 순간 같은 것 말이다.

사실 대화에 엄격한 '규칙'은 없다. 하지만 진행하다 보면 유용한 원칙을 자연히 터득하게 된다. 누구든지 발언할 기회를 가져야 한다는 것도 그중에 하나다. 하지만 정해진 규칙이라고 생각할 필요는 없다. 필요성을 깨닫고 이행 방법을 터득해간다고 하는 편이 맞다. 그런 식으로 대화 참가자는 도움이 되는 특정 절차의 필요성과 가치를 알게 된다.

또한 누군가가 집단이 자신이 생각하는 개념이나 목적에 도달해야 한다고 주장한다면 갈등이 시작된다. 대화는 특정 목적이 아니라 자연스러운 대화 자체에 동의하는 사람을 위한 것이다. 이것이 자연스러운 대화 방식이라는 사실에 동의하지 않는 사람은 굳이 함께할 이유가 없다. 대화가 진행되고 집단이 계속 유지되는 동안에도 일부 사람은 떠나고 다른 사람이 들어오는 경우가 많다. 새로운 인원의 충원에서 증명되듯이 '이게 바로 내가 원하던 거야.'라고 생각하는 사람이 분명 있다.

그렇다면 대화 집단에서 느끼는 좌절과 불만에는 어떻게 대처해야 할까? 이미 말한 것처럼 상황에 화가 날 수도, 실망하거나 놀랄 수도 있다. 자신의 가정이 노출되면서 도전을 받을 수도, 터무니없다고 생각되는 타인의 의견을 접할 수도 있다. 또한 리더도 없고, 화제도 없고, 정해진 업무도 없는 그런 상황에서는 참가자가 불안해하고 걱정할 수도 있다. 따라서 대화를 유지하려면 이런 모든 것을 극복해야 한다.

이런 어려움은 발생하게 되어 있다. 지금까지 내가 본 모든 집단에서 실제로 발생했었다. 따라서 거의 불가피한 어려움이라고 생각하면 된다. 이쯤 되면 이런 질문이 들 것이다. "그럼에도 대화를 계속하는 것이 어떤 의미가 있는가?" 이제 그것을 알아봐야 하는 시간이다.

대화의 비전

내가 '대화의 비전'이라 부르는 것을 설명하겠다. 나의 의견을 반드시 받아들일 필요는 없다. 대화와 대화가 가진 가능성을 보는 하나의 방법이라고 보면 된다. 대화를 계속하다가 짜증이나 실망으로 감정적이 되었다고 생각해보자. 거기에 아주 강력한 가정까지 개입되면 감정의 고조가 실제 증오로 발전할 수도 있다. 증오는 신경 생리상으로나 화학 반응상으로나 매우 불안하고 혼란스러운 상태로, 현재 이것이 세계적인 풍토병이 되었다고 해도 과장이 아닐 만큼 널리 퍼져 있다. 지구상 어디를 가나 서로 증오하는 사람들이 보인다. 그런 상황에서 대화를 계속 유지했다고 생각해보자. 결국 우리는 모두가 같은 처지에 있다는 통찰, 타인도 공유하는 통찰에 도달할 것이다. 모든 사람이 각자의 가정을 갖고 있고, 자신의 가정을 고집하며, 감정적으로 불안하다는 사실을 깨달을 것이다. 말하자면 사람의 본질적인 측면은 동일하며, 표면적인 차이는 중요하지 않다는 사실을 말이다.

이런 경우 집단에서 서로가 하나로 연결된 듯한 일종의 '접촉 경지'를 경험할 수 있다. 사고 과정이 신체 과정의 연장선상에 있기 때문에 모든 신체 언어가 사고 과정을 보여준다. 알고 보면 사람들은 친밀한 접촉을 유지하고 있다. 증오는 극도로 강한 유대감의 표현이다. 사람들이 서로 진정으로 긴밀한 접촉을 유지한 상태에서 자신에게 아주 중요한 어떤 것을 이야기할 때면 온몸으로 표현한다는 말을 들은 적이 있다. 가슴과 뇌, 신경, 온갖 호르몬까지 그야말로 모든 것을 동원한다고 들었다. 이런 경우 우리가 느끼는 상대와의 친밀감, 즉 접촉 수준은 자신의 신체 일부와의 접촉보다 훨씬 긴밀하다. 어떤 의미에서 보면 인간은 그런 접촉 안에서 '한몸', 즉 '일체(一體)'가 된다고 말할 수 있다. 만약 특정 집단의 구성원 모두가 서로의 의견에 귀 기울이되 그것들을 판단하지 않은 채로 유보하고, 각자의 의견을 타인과 동일한 선상에 둔다면 우리는 '한마음', 즉 '일심(一心)'이 된다. 왜냐하면 모든 의견과 가정을 공유하기 때문이다. 그런 순간에는 차이가 부차적인 것이 된다. 참가자는 어떤 의미에서 한몸, 한마음, 즉 일심동체가 되는 느낌을 갖는다. 그렇다고 집단이 개인을 압도하거나 개인이 동의하지 않는다고 해서 갈등이 생기는 것은 아니다. 개인이 동의하느냐는 중요하지 않다. 찬성 혹은 반대를 선택해야 하는 압박감도 없다.

중요한 것은 다른 차원의 유대감, 즉 '비개인적인 유대감impersonal fellowship'을 갖게 된다는 사실이다. 그런 관계에서는 반드시 서로를 알 필요가 없다. 예를 들면 영국 축구 경기의 관중은 관중석에 앉아 있기보다 서로 기대어 서 있는 것을 좋아한다. 그들 중에 서로를 아는 사람이 얼마나 될까? 거의 없을 것이다. 그런데도 그들은 일상생활 속 인간관계에서 잃어버린 긴밀한 접촉과 유대감을 느낀다. 전시가 되면 많은 이들이 평화로운 시기에는 느끼지 못한 진한 동지애를 경험한다. 우리가 대화에서 느끼는 것도 마찬가지다. 긴밀한 연결, 진한 동료애, 진정한 상호 참여를 경험하고 느낀다. 독립적인 개인을 찬미하는 현대 사회는 특히나 이런 부분이 결핍되어 있다는 것이 일반적인 생각이다. 공산주의자는 다른 뭔가를 해보려 했으나 참담한 실패로 끝났다. 지금은 많은 공산주의자가 우리와 같은 가치관을 받아들인다. 하지만 사람들은 거기에도 완전히 만족하지 않는다. 그들은 고립감을 느낀다. '성공했다'는 사람조차도 고립과 고독을 느끼고 그들의 삶에서 부족한 무엇, 잃어버린 뭔가가 있다고 생각한다.

대화가 필요한 이유가 바로 이것이라고 나는 생각한다. 우리에게는 대화가 절실히 필요하다. 우리에게는 지금까지 말한 많은 어려움과 좌절을 감수하고 극복할 만큼 강력한 동기가 있다. 인간은 보통 자기가 중요하다고 생각하는 것을 하면서 겪는 좌절감을 받아들일 각오가 되어 있다. 예를 들면 일을 하고 돈을 버는 것도 자주 좌절감을 안겨주고 그로 인해 불안도 생긴다. 하지만 사람들은 포기하지 않고 이렇게 말한다. "중요한 일이잖아! 그러니 계속해야 해." 중요하다고 생각하는 것에는 항상 그런 식이다. 대화가 중요하고 반드시 필요하다고 생각하면 어려움을 만나도 '계속할 거야.'라고 말할 것이다. 하지만 대화가 반드시 필요하다는 생각이 없으면 아마 이렇게 말할 것이다. "도대체 뭘 위한 거야? 너무 번거롭잖아. 포기하자고. 어떤 효과도 없잖아." 알다시피 새로운 일을 할 때는 한동안 탐색의 시간을 가져야 한다. 학문뿐 아니라 어떤 영역에서든 열심히 노력하는데도 소득이 없는 그런 단계를 반드시 거치게 마련이다. 그렇다는 사실을 알면서도 막상 그런 경험을 하면 적잖이 실망하고 무력해지는 것이 우리 인간이다.

충동대로 실행하는 것을 멈추고 가정을 유보하고 모든 것을 자세히 관찰한다면 우리는 모두 같은 의식 상태에 놓인다. 그래서 많은 이들이 원한다고 말하는 공통 의식을 가지게 된다. 대화가 마냥 즐겁지 않을 수도 있지만 그래도 해야 하는 이유다. 공통 의식을 지복(至福), 즉 더없는 행복의 공유로 생각하는 이들이 많다. 그럴 수도 있다. 어쨌든 거기에 도달하는 방법은 분명코 이런 과정, 즉 대화를 통해서라는 것이 나의 생각이다. 우리는 실제로 소유하고 있는 의식을 공유해야 한다. 없는 의식을 억지로 강요할 수는 없다는 말이다. 절망과 각기 다른 모순된 가정과 서로를 향한 분노를 공유하면서도 대화를 계속한다면, 모두가 함께 분노하면서 그런 상태를 함께 관찰하고 숙고한다면 우리는 분명 원하던 공통 의식을 가질 것이다.

그런 상태에서 사람들이 권력, 폭력, 증오 같은 것을 끝까지 안고 있다고 해도 결국에는 소멸될 것이다. 궁극적으로 모두가 같은 상태에 있다는 것을 깨닫게 되기 때문이다. 그런 깨달음은 참여와 유대감으로 이어진다. 이런 과정을 함께 경험한 이들은 좋은 친구가 될 수 있다. 그러면 모든 상황이 전과는 다르게 진행된다. 구성원들은 더욱 열린 태도로 서로를 대하고 신뢰한다. 두려워하던 상황을 이미 경험한 다음이므로 이제는 그들의 이성이 활발히 움직인다.

이와 관련하여 내가 즐겨 하는 이야기가 있다. 우연히 런던에서 소아정신과 의사로 일하는 남자를 알게 되었는데, 그는 심각한 정신 장애가 있는 일곱 살 여자아이를 치료한 경험을 들려주었다. 아이는 누구와도 말하기를 거부했다. 소아정신과 의사라면 아이가 말을 하도록 도와줄 수 있지 않을까 하는 기대를 가지고 데려온 것이었다. 1시간 동안 이런저런 시도를 해봤지만 소득이 없었다. 결국 흥분한 의사가 물었다. "왜 말을 안 하는 거니?" 아이의 대답은 간단했다. "선생님이 싫으니까요." 긴장을 누그러뜨리기 위해서 시간 이야기를 해봐야겠다고 생각한 의사가 물었다. "얼마나 오래 나를 싫어할 거니?" 아이가 대답했다. "영원히 선생님을 싫어할 거예요." 그 말을 듣자 살짝 걱정이 되었던 의사가 다시 시간을 화제로 물었다. "얼마나 오랫동안 나를 영원히 싫어할 거니?" 그때 아이가 웃음을 터뜨렸고 완강하게 거부하던 태도도 사라졌다. 의사와 대화를 하면서 아이는 자기 말이 불합리하다는 사실, 말하자면 일관성이 없다는 사실을 깨달은 것이다. 의사를 영원히 미워할 것이라고 말하고 있었지만 한편으로 아이는 실제로 그런 일이 불가능하다는 사실을 알았다. 그런 일이 불가능하다면 계속 미워해야 한다는 생각도 지속할 필요가 없었다.

화가 날 때는 이유나 원인이 있게 마련이다. 우리는 이것 혹은 저것 때문에 화가 났노라고 말한다. 이런 반응은 분노와 증오를 고조시킨다. 그리고 어느 지점에 도달하면 확실한 이유는 없어지고 증오가 증오를 낳으면서 지속된다. 증오의 에너지는 이를테면 안에 갇혀서 발산될 기회를 찾고 있었던 것이다. 두려워서 어찌할 바를 모르는 소위 '패닉 상태'에도 같은 논리가 적용된다. 우리는 보통 공포의 이유를 인지하지만 어찌할 바를 모르는 패닉 상태에 도달하면, 특정한 이유가 있는 것이 아니라 공포가 공포를 낳는 상황이 된다. 하지만 그런 단계에서 작용하는 에너지는 창조성에 도움이 된다는 무어라 규정하기 힘든 에너지인지도 모른다. 말하자면 특별한 이유 없이 분출되는 에너지.

하지만 우리가 지키려 하는 의견 안에는 엄청난 폭력성이 숨어 있다. 단순한 의견이나 가정이 아니라 우리가 스스로와 동일시하는 것들이다. 그것들을 지키는 것이 스스로를 지키는 것과 같기 때문에 우리는 거기에 집착한다. 인간은 이런 본능적인 자기 보호 충동을 약육강식이 지배하는 정글 생활을 하면서 터득했고, 이제 그것이 정글의 동물에서 의견으로 대상을 바꾸어 유지되고 있다. 달리 말하자면 정글에 위험한 맹수가 있듯이 지금 세상에는 위험한 의견이 있다. 또한 우리 안에는 반드시 지켜야 하는 매우 소중한 동물도 있다. 정글에서는 위험으로부터 육체를 방어한다는 점에서 의미가 있었던 충동이 현대 생활에서는 의견을 대상으로 하는 형태로 변화되었다. 이런 행동이 대화에서는 집단적으로 이루어지는 것을 느낄 수 있다.

이런 자기방어적인 태도를 갖고 있는 한, 폐쇄적인 태도로 자신의 가정만을 고수하면서 자기가 옳다고 주장하는 한 인간의 지성이 제구실을 하기 힘들다. 지성은 본인의 가정을 고수하지 않는 열린 태도를 요구하기 때문이다. 옳지 않다는 증거가 있으면 가정을 고집할 이유가 없다. 올바른 가정 혹은 의견이라면 그것이 옳지 않을 수도 있음을 보여주는 증거를 열린 마음으로 받아들여야 한다. 그런 증거를 무조건 배척하는 가정 혹은 의견이라면 애초에 올바르다고 보기 힘들다.

그렇다고 집단의 의견을 강요하라는 뜻이 아니다. 그런 식이라면 집단의 의견이 오히려 문제를 일으킬 소지가 다분하다. 이런 경우 집단이 선악을 판단하는 양심적인 존재 역할을 하면서 구성원에게 강한 죄책감을 유발할 수 있다. 왜냐하면 인간은 모두가 동의하는 것을 진실로 간주하는 경향이 있기 때문이다. 모든 사람이 각자 다른 의견을 갖고 있을 수도, 그렇지 않을 수도 있다. 어느 쪽이냐는 그다지 중요하지 않다. 모두가 같은 견해를 갖도록 설득할 필요도 없다. 정신, 즉 의식의 공유가 의견 같은 구체적인 내용보다 중요하다. 어차피 의견은 한계가 있을 수밖에 없고, 해답은 의견이 아니라 다른 어딘가에 있음을 알게 될 것이다. 진리는 의견에서 나오는 것이 아니라 분명 다른 어떤 것, 아마도 암묵적인 정신의 보다 자유로운 활동에서 나올 것이다. 그러므로 진리를 인식하려면, 즉 진리에 참여하려면 먼저 의미가 일관되게 만들어야 한다. 내가 대화가 중요하다고 강조하는 이유가 바로 여기에 있다. 의미가 일관성이 없다면 진리에의 참여는 불가능하다.

나는 이런 새로운 접근법이 지구 전체 상황을 바꿀 길을 열어주리라 믿는다. 생태 분야뿐 아니라 여러 영역에서 다양한 방식으로 말이다. 예를 들면 생태 운동, 즉 '녹색 운동'은 현재 파편화와 분열 위험에 직면해 있다. 눈앞의 문제에 어떻게 대처할 것인가를 놓고 많은 생태 운동 조직이 다른 의견을 내놓고 있기 때문이다. 현재 분위기로 봐서는 생태를 위한 투쟁만큼이나 치열하게 서로 싸움을 벌이는 안타까운 상황에 빠질 수도 있다. 녹색 운동 진영은 한시바삐 대화에 돌입할 필요가 있다.

생태와 환경에 관심을 가진 사람이라면 당연히 지구가 안고 있는 문제점을 파악하고 있을 것이다. 하지만 자신들의 가정과 암묵적인 사고 과정을 자각하고 인지하는 사람은 많지 않으리라고 본다. 하지만 내가 보기에는 이런 과정에 관심을 기울이는 것이 아주 중요하다. 그것도 분명하게 드러날 만큼 명시적으로 관심을 가져야 한다. 그러면 근본 문제가 무엇인가가 분명해진다. 이런 활동이 환경을 살리려는 구체적인 운동과 함께 진행된다. 오염된 강을 정화하고, 나무를 심고, 고래를 구하는 활동이 대화를 진행하고 사고의 일반적인 문제점을 알아보는 작업과 동시에 진행된다. 이런 모든 활동이 합쳐서 전체를 이룬다. 어느 쪽도 자체로는 충분하지 않다. 우리가 오랫동안 사고에 대해서만 생각하고 이야기한다면 그러는 사이 지구는 모두 파괴될 수도 있다. 하지만 나는 대화가 정신 과정의 암묵적인 차원에서 작용한다고 생각한다. 가장 중요한 일이 일어나는 바로 그곳에서 말이다.

사람들의 가정과 의견이 엇갈리는 그런 상황이 있다. 한쪽은 흥미를 보이는데 다른 쪽은 아니다. 하지만 이런 상황에서도 우리는 계속 대화를 해야 한다. 일부가 참여하지 않더라도 원하는 사람은 우리와 그들의 사고 사이에서 진행되는 대화에 참여할 수 있다. 대화는 그들이 없이 우리만으로도 가능하며 혼자서도 할 수 있다. 이것이 바로 대화를 대하는 진정한 태도다. 이런 태도가 널리 퍼질수록 질서를 세우는 데는 도움이 된다. 우리가 진정 창조적인 뭔가를 할 수 있다면 이는 암묵적인 차원에서 타인에게 영향을 미칠 것이다. 실제로 암묵적인 차원에서 언어와 비언어 수단 모두를 통해 타인에게 전달된다. 하지만 우리가 창조적인 뭔가를 하지 못하고 동일한 과거를 되풀이한다면 그런 일은 결코 일어나지 않는다.

이런 대화와 공통 의식이라는 개념은 우리가 집단의 수단으로 어려움에서 벗어날 방법이 있음을 시사한다. 그러므로 국제연합이나 대통령 같은 상층부가 아니라 일반 대중부터 대화를 시작해야 한다. 미국 국무부에도 이런 대화 개념을 소상히 이해하고 있는 이들이 있다. 이들을 보면 이런 아이디어가 상당히 침투력이 강하다는 사실을 알 수 있다. 어쩌면 조직의 최상층까지 도달했을지도 모른다. 커뮤니케이션 수단이 발달한 현대 사회에서는 모든 것이 아주 빠르게 전달된다는 사실도 다시금 실감한다. 보통 세 단계에서 다섯 단계만 거치면 조직 전체에 퍼진다. 기술과 커뮤니케이션 수단의 발달로 해로운 것이 신속히 퍼지는 역효과가 나오고 있다는 원성이 자자하다. 하지만 같은 통로를 통해서 이런 대화 개념도 신속히 퍼질 수 있다.

우리가 대화에서 계속 좌절을 경험하는 동안에도 대화 작업 자체의 의미는 생각보다 훨씬 클 수 있다. 대화를 통해 우리는 문제의 일부가 아니라 해결책의 일부가 된다고 말할 수 있다. 달리 말하자면 대화라는 활동은 자체로 해결책의 성질을 갖고 있다. 아무리 사소한 것이라도 문제가 아니라 해결책의 성질을 지닌 것이 있고, 아무리 중대한 행보라도 해결책이 아니라 문제의 성질을 지닌 것도 있다. 따라서 중요한 것은 해결책의 성질을 가진 뭔가를 시작하는 것이다. 그것이 얼마나 빨리 혹은 느리게 퍼져 나갈지는 모르는 일이다. 내면에서, 사고 과정 안에서, 그리고 이를 넘어서 일어나는 이런 움직임이 얼마나 빠르게 퍼져 나갈지는 아직은 모른다.

'우리에게 진정 필요한 것은 사랑'이라고들 한다. 물론 맞는 말이다. 그들이 추구하는 보편적인 사랑이라는 것이 있다면 말이다. 그렇다면 모든 것이 순조로울 것이다. 하지만 아무래도 그런 것이 있을 성부르지 않다. 그러므로 우리는 다른 효과적인 방법을 찾아야 한다. 좌절, 분노, 흥분, 증오, 공포를 수반한다고 해도 이런 모든 것을 포용할 뭔가를 찾아야 한다.

이런 요점을 보여주기 위해 20세기 최고의 물리학자로 꼽히는 두 사람, 앨버트 아인슈타인과 닐스 보어에 관한 일화를 소개한다. 아인슈타인은 훗날 처음 보어를 만난 순간부터 친밀감을 느꼈다고 했다. 보어에게 호감을 가졌다는 사실을 책에서도 언급했다. 호감을 가졌던 만큼 둘은 매우 활발하게 물리학에 관한 의견을 교환했다. 하지만 결국 그들은 진리에 이르는 방법에서 서로 다른 가정과 의견을 갖고 있음을 확인하는 단계에 이르렀다. 보어의 판단은 양자론에, 아인슈타인의 판단은 상대성이론에 토대를 두고 있었다. 차이를 확인하자마자 그들이 서로에게 등을 돌렸던 것은 아니다. 오히려 두 사람은 보통 이상의 참을성을 가지고 해당 주제를 되풀이해서 토의했다. 진심에서 우러나는 선의를 가지고 말이다. 그렇게 몇 해가 흘렀지만 누구도 양보하지 않았다. 과거에 했던 말을 되풀이하고만 있었다. 그들은 합의에 도달하기 힘들다는 사실을 알았고 서서히 사이가 멀어졌다. 이후로 그들은 오랫동안 만나지 않았다.

그러던 어느 해 둘은 우연히 프린스턴 대학의 고등연구소에 함께 있게 되었다. 같은 공간에 있었지만 그들은 여전히 만나지 않았다. 두 사람이 힘을 합치면 좋을 텐데 그러지 못하는 것을 안타깝게 생각하던 수학자 헤르만 베일Herman Weyl이 화해의 자리를 마련했다. 베일은 아인슈타인과 보어 두 사람 밑에서 공부하는 학생들을 초대해서 파티를 열었다. 파티장은 양분되었다. 아인슈타인과 제자들이 한쪽에, 보어와 제자들이 반대쪽 파티장에 몰려 있었다. 그들은 할 말이 없었기 때문에 모일 수가 없었다. 아인슈타인과 보어는 각자 자신의 의미가 진리라고 믿었기 때문에 어떤 의미도 공유하지 못했다. 각자가 진리를 안다고 확신하는데 양쪽이 말하는 진리의 내용이 다르다면 그들이 어떻게 의미를 공유할 수 있겠는가?

그러므로 진리의 개념에 유념해야 한다. 대화가 진리와 직접적으로 관계가 없을 수도 있다. 대화를 통해서 진리에 도달할 수도 있지만 대화에서 가장 중요한 것은 의미다. 의미가 일관성이 없으면 결코 진리에 도달할 수 없다. '내 의미는 일관성이 있는데 상대가 그렇지 못하다'고 볼멘소리를 할 수도 있다. 하지만 그런 상황에서는 결코 의미를 공유할 수 없다. 당신은 자신만의 혹은 당신이 속한 집단만의 진리를 가지게 될 것이다. 하지만 당신과 의미와 진리를 공유하지 못하는 '그들'까지 합친 '우리'는 계속해서 갈등하고 대립할 것이다.

의미와 진리를 공유해야 하는 상황이라면 다르게 행동해야 한다. 보어와 아인슈타인은 대화를 했어야 한다. 그들의 대화가 실제로 가능했을지는 미지수다. 하지만 만약 그들이 대화를 했다면 그들은 서로의 의견에 온당한 주의를 기울였을지도 모른다. 두 사람은 자신들의 의견을 유보하고 상대성이론과 양자론을 넘어서 새로운 어떤 것으로 나아갔을지도 모른다. 원칙적으로는 그렇다. 하지만 나는 당시 과학자들에게 그런 개념의 대화가 가능했으리라고 생각하지 않는다.

과학은 과학이 진리, 그것도 유일한 진리에 도달한다는 개념에 근거하고 있다. 바로 그런 특성 때문에 대화라는 아이디어가 현대 과학 체계에는 이질적으로 느껴진다. 대화 개념이 이질적이기는 종교도 마찬가지다. 어떤 의미에서는 과학이 현대의 종교가 되었다고 말할 수 있다. 과거에는 종교가 사람들에게 진리를 제공한다고 생각했고, 지금은 과학이 그 일을 대신하고 있다. 따라서 다른 진리 개념을 갖고 있는 과학자는 종교가 다른 사람이 그렇듯이 화해할 수가 없다. 독일 물리학자 막스 플랑크Max Planck는 이런 말을 했다. "사실 새로운 사고방식이 승리하는 것이 아니다. 실제로는 과거의 과학자가 죽고 새로운 사고방식을 가진 신진 과학자가 나타나는 것이다." 하지만 이는 분명 새로운 사고방식을 등장시키는 옳은 방법, 이상적인 방법이 아니다. 다른 방법으로는 불가능하다는 의미도 아니다. 과학자들이 내가 말하는 대화에 진정으로 참여한다면 이는 과학에서, 과학의 본질에 있어서 급진적인 혁명이 될 것이다. 실제로 과학자는 원칙적으로 대화라는 개념에 적극 찬성이다. "언제나 다른 의견에 귀를 기울여야 한다. 어떤 것도 배제하지 말아야 한다." 과학자가 항상 하는 말이다.

하지만 현실에서 그들은 그렇게 하지 못한다. 모두가 가지고 있는 각자의 가정과 의견을 과학자도 가지고 있다는 사실 때문만은 아니다. 오늘날 과학을 정의하고 있는 개념, 즉 과학을 통해서 진리를 얻게 된다는 개념도 대화 실천을 가로막는 중요한 원인이다. 사고가 모든 것을 파악하고 이해할 능력이 있다는 가정에 의문을 품는 과학자는 거의 없다. 하지만 그것은 타당한 가정이 아닐 수도 있다. 사고는 추상적인 개념이고 추상적인 개념은 본질적으로 한계를 갖고 있기 때문이다. '전체'는 너무 많고 방대하다. 어떤 사고로도 전체를 파악할 방법은 없다. 사고는 무언가를 추상화하는 것일 뿐이기 때문이다. 이렇게 보면 사고에는 분명 한계가 있고 범위가 정해져 있다. 사고가 주로 의존하는 과거는 전체의 극히 한정된 양만을 포함한다. 현재는 사고 안에 포함되어 있지 않다. 따라서 사고를 통해 뭔가를 분석해도 실은 분석하는 순간까지 포함시켜 다룰 수 없다.

세상에는 절대적 진리를 부정하고 모든 것이 상대적이라고 주장하는 상대주의자도 있다. 그들은 인간이 결코 절대적인 진리에 도달하지 못한다고 말한다. 하지만 그렇게 말함으로써 그들은 스스로 역설에 빠진다. 그들은 상대주의가 절대적 진리라고 가정한다. 그러므로 인간이 어떤 종류의 절대적 진리에도 도달할 수 없다고 믿는 그런 사람들은 대화를 할 수 없다. 심지어 자기 내면에서도 대화는 불가능하다. 또한 상대주의자는 그들끼리도 의견이 서로 다르다.

따라서 진리로 가는 '길'은 존재하지 않음을 알 수 있다. 대화에서 우리는 모든 길을 공유하게 되고, 결국 그것들 중에 어느 것도 중요하지 않다는 사실을 알게 된다. 말하자면 모든 길의 의미를 파악한 다음 '길은 없다'는 결론에 도달한다. 한 꺼풀 벗기고 보면 모든 길은 똑같다. '길'이라는 바로 그 점에서, 유연성 없이 정해져 있다는 점에서.

대화를 하다 보면 좌절감이 들 수 있다는 점을 이야기했다. 하지만 이런 모든 과정을 함께 극복하면 더욱 좋은 친구가 된다. 그렇다고 대화에서 우리가 애정을 원한다는 의미는 아니다. 우리는 우정을 바라지도 않는다. 사실 우리가 전혀 원하지 않아도 우정이 다가올 가능성은 있다. 다른 사람의 사고를 알게 되고, 그것이 당신의 사고가 되고, 그런 다음에는 자신의 것인 양 취급하게 된다. 때로 감정이 고조되어 우리에게 영향을 줄 때는 그것까지도 함께 공유한다. 말하자면 감정적인 요소도 사고와 하나로 합쳐진다. 감정이 지나치게 고조되면 누군가가 나서서 다소 누그러뜨릴 필요도 있다. 그대로 두면 이슈 자체가 증발해 버릴 수가 있다. 앞에서 언급한 소아정신과 의사가 '얼마나 오랫동안 나를 영원히 싫어할 거니?'라고 물음으로써 아이의 감정을 누그러뜨렸던 것도 같은 맥락이다. 의사처럼 나름의 유머를 발휘할 수도 있고, 생각지 못한 날카로운 지적으로 변화를 줄 수도 있다. 방법은 무궁무진하리라 본다.

때로는 당신이 막 하려던 질문을 다른 사람이 제기하는 경우를 볼 수도 있다. 그런 경우는 그와 같은 생각이 전체 집단 안에 잠재되어 있었다고 볼 수 있다. 전체가 생각을 하되 드러나지 않고 내재되어 있었던 것이다. 그러다가 누군가가 생각을 드러낸다. 이어서 다른 사람이 화제 채택을 지지한다. 그런 식으로 돌아가면 결국 집단은 공동 사고를 하는 셈이 된다. 집단이 공동 사고 단계에 도달하면 모든 것이 하나의 과정인 양 자연스럽게 진행된다. 구성원은 함께 하나의 사고를 만들어낸다. 이어서 누군가가 다른 가정을 제기하면 모두가 거기에 귀를 기울이고 의미를 공유한다. 바로 이것이 내가 생각하는 '대화의 비전'이다.

대화의 민감성

지금 우리가 논의하는 대화는 사회에서 일반적이지 않다. 사회가 일관성을 갖고 존속하려면 반드시 필요한 것이지만 안타깝게도 널리 실행되지 않는다. 만약 정부에서, 기업에서, 국제 무대에서 이런 대화를 행한다면 우리 사회는 많이 달라질 것이다. 하지만 그런 대화가 가능하려면 민감성sensitivity이 필요하다. 어느 시점에 어떻게 끼어들지 미묘한 각종 단서와 분위기를 포착하고, 그에 대한 스스로의 반응을 관찰하는 방식이 바로 민감성이다. 말하자면 자신의 내면과 집단 안에서 일어나는 모든 것을 '민감하게' 포착하고 파악하는 것이다. 대화 집단 안에는 말뿐 아니라 몸짓이나 자세 등의 신체 언어로 자신을 표현하는 사람도 있다. 그런 것까지도 민감하게 포착하는 것이 중요하다.

행위자가 일부러 하는 행동이 아니어도 눈에 들어오는 것이 있다. 이런 것도 모두 커뮤니케이션의 일부다. 커뮤니케이션이란 언어로 나타날 수도, 비언어적 행동으로 나타날 수도 있다. 그렇게 하려고 작정하고 하는 것은 전혀 아니다. 당사자는 자신이 그런 행동이나 태도를 내보이고 있다는 사실을 인지조차 못할 가능성도 높다.

민감성은 무슨 일이 일어나고 있는지를 감지하고, 자신과 타인이 어떻게 반응하는지를 감지하고, 거기서 나타나는 미묘한 차이와 유사점을 감지하게 해준다. 이런 모든 것을 감지하는 것이 인식의 기본인데 감지하면 많은 정보를 얻을 수 있다. 하지만 민감해야 한다. 그렇지 않으면 많은 것을 보지 못한다. 길을 걷다가 평소 친하게 지내는 사람과 우연히 마주쳤을 경우를 생각해보자. 당신은 당연히 누군가에게 '그를 봤다'고 말할 것이다. 그때 상대가 그가 무슨 옷을 입고 있었느냐고 묻는다면 어떻게 될까? 그런 경우 대답을 못할 가능성도 적지 않다. 엄밀한 의미에서 당신은 그를 보지 않았기 때문이다. 당신의 사고라는 장막을 통해서 보았을 뿐 그의 모든 것을 민감하게 보고 받아들이지 않았다. 그런 태도는 민감성이 있다고 보기 힘들다.

따라서 민감성은 감각과 관련되어 있되 감각을 넘어서는 무엇이다. 당연히 감각이 민감해야 하지만 그것만으로는 부족하다. 감각은 무슨 일이 일어나고 있는지 상황을 말해준다. 다음에는 의식이 개입해야 한다. 감각을 통해 수집한 정보를 연결하고 통합해서 어떤 형태를 만들어내야 한다. 말하자면 그것이 무엇을 의미하는가를 파악해야 한다. 그러므로 의미도 민감하게 포착해야 하는 대상의 일부가 된다. 의미 혹은 의미의 부재를 민감하게 감지하는 것이다. 굳이 표현하자면 이것을 '의미 인식'이라 부를 수도 있다. 여기서 말하는 것은 일반적인 인식이 아니라 보다 섬세한 인식이다. 의미는 전체 현상을 하나로 연결하고 통합하는 역할을 한다. 앞에서 지적한 것처럼 의미는 '시멘트'이다. 그렇다고 의미가 시멘트처럼 굳어서 움직이지 않는다고 생각하면 곤란하다. 대화에서 의미는 끊임없이 흐른다. 우리가 어떤 의미를 공유하면 그것이 우리들 사이를 흘러 다니고, 이를 통해 집단을 하나로 묶어준다. 그런 상황에서는 모든 사람이 자신의 내면 상황뿐 아니라 주위의 미묘한 분위기에도 민감해진다. 바로 거기서 모두가 공유하는 하나의 의미가 형성된다. 그런 식으로 우리는 일관성 있게 함께 대화를 나누고 생각할 수가 있다. 하지만 일반 상황에서는 사람들이 각자의 가정을 고수하기 때문에 함께 생각한다는 것이 불가능하다. 그런 경우 사람들은 함께 참여하는 사고를 하는 것이 아니라 각자 마음대로 생각하는 것이다.

민감성을 가로막는 것은 각자의 가정과 의견을 고수하려는 태도다. 만약 우리가 자신의 의견을 옹호하고 있다면 스스로를 비판하면서 그러면 안 된다고 말하지는 않는다. 여기서 사실은 우리가 자신의 가정과 의견을 지키려 한다는 것이므로 그 안의 모든 감정과 미묘한 차이에 민감해질 필요가 있다. 비난하고 비판하는 집단은 우리가 지향하는 목표가 아니다. 그런 태도가 도움이 되지 않는다는 사실은 누구라도 알 것이다. 그러므로 우리가 생각하는 대화 집단에서는 사람들이 서로를 비판하거나 비난하지 않는다. 그저 모든 가정과 의견을 관찰하고 드러나도록 내버려둔다. 거기서 어떤 변화가 일어날 수 있다는 것이 나의 생각이다.

크리슈나무르티는 '존재한다는 것은 관계를 맺는다'는 의미라고 말했다. 하지만 관계는 아주 고통스러울 수도 있다. 크리슈나무르티는 자신의 모든 심리 과정을 느끼고 극복해야 하며, 그렇게 하면 다른 무언가로 통하는 길이 열린다고 말했다. 나는 대화 집단에서 바로 그런 일이 일어난다고 생각한다. 이런 과정이 일부에게는 매우 고통스러울 수도 있다. 하지만 이런 모든 것을 이겨내야 한다.

스웨덴에서 대화 모임을 가진 적이 있었다. 시작 당시 집단은 양쪽으로 나뉜 양상이었다. 뉴에이지에 심취한 이들이 많이 참석했다. 처음부터 그들은 사랑의 미덕을 이야기했는데 그들이 모인 장소가 사랑으로 가득하며, 곳곳에 온통 사랑이 넘친다며 활발하게 대화를 시작했다. 다른 이들은 한동안 침묵하더니 시간이 흐르자 서서히 말을 하기 시작했다. 그들은 사랑 운운하는 말들이 감상에 치우친 헛소리일 뿐이며 아무런 의미가 없다는 생각을 내비쳤다. 한 참가자는 자제하기 힘들 만큼 감정이 격해졌는지 밖으로 나갔다가 들어오기를 반복했다. 그들은 다시 뭉쳤다. 집단이 양분되는 대화에서 흔히 일어나는 난관을 만난 셈이었다. 누군가가 이런 분열을 눈치채고 반농담조로 말했다. "여기 지금 두 집단이 있네요. 사랑 집단과 증오 집단이요." 그의 말이 팽팽하던 긴장을 살짝 누그러뜨렸고 양쪽은 대화를 재개할 수 있었다. 그들은 반드시 상대를 설득하려고 하지 않았다. 서로가 상대의 입장에서 보는 의미를 이해했고, 양쪽으로 분열되었지만 이야기를 나눌 수 있었다.

이야기를 나누는 것이 상대를 설득하는 것보다 훨씬 중요했다. 그렇게 대화를 나누다 보면 양쪽이 각자의 위치를 포기해야 다른 무엇이 생길 수 있음을 알게 된다. 누구는 사랑을 좋아하고, 다른 누구는 증오를 좋아하고, 또 다른 누구는 다소 냉소적인 태도로 미심쩍은 눈초리를 들이댄다는 따위는 중요하지 않다. 실제로 한 꺼풀만 벗기면 그들은 서로 다를 바가 없다. 강경한 자기 입장을 가지고 있다는 점에서 말이다. 그런 입장을 누그러뜨리는 것이 그 상황에서 필요한 가장 중요한 변화다.

자기 의견만 고수한다면 대화에 임하는 진지함이 떨어진다고 말할 수 있다. 자기 내면의 불쾌한 뭔가를 회피하려 한다면 그것 또한 진지하지 않다. 사실 우리 삶의 많은 부분이 진지하지 않다. 그리고 사회가 그렇게 가르친다. 우리 사회는 너무 진지하지 말라고 가르친다. 세상에는 일관성이 없는 것이 너무 많으며, 그건 어쩔 수 없는 일이니 공연히 혼자 진지해질 필요가 없다고 말이다.

하지만 대화에서 우리는 진지해야 한다. 그렇지 않으면 대화가 아니다. 적어도 내가 '대화'라고 부르는 의미의 대화는 아니다. 프로이트가 구강암에 걸렸을 때의 일화가 있다. 심리학 관련 문제를 논의하려고 그를 찾아온 사람이 이렇게 말했다. "어쩌면 이야기를 하지 않는 편이 낫겠습니다. 선생님은 심각한 구강암에 걸렸으니까요. 심리학 이야기를 하는 것이 내키지 않으실 겁니다." 그러자 프로이트가 대답했다. "구강암은 치명적일지 모르지만 심각하지는 않습니다." 사실 프로이트의 말이 맞다. 암은 그저 세포가 증식하는 것일 뿐이다. 나는 사회에서 일어나는 많은 일이 그런 식으로 표현될 수 있다고 본다. 치명적일 수는 있지만 심각하지는, 다시 말하면 진지하지는 않다고.

대화의 한계

때로 우리는 가족 내에서 대화를 하는 느낌을 받는다. 하지만 보통 상하 관계가 있고 권위라는 원칙에 따라서 조직되는 것이 가족이다. 이런 상하 관계나 권위는 대화 정신에 반하는 것이다. 가족이란 의무를 토대로 만들어진 매우 권위적인 조직이다. 가족은 자체로 가치를 갖지만 대화를 진행하기는 쉽지 않는 구조다. 물론 가족 내에서 대화가 가능하다면 더없이 좋은 일이다. 일부 가정에서는 가족 간의 대화가 가능할 수도 있다. 하지만 일반적으로는 어렵다. 권위와 상하 질서는 대화에 어울리지 않기 때문이다. 대화를 진행하다 보면 상하 관계나 권위로부터 자유로워지기를 바랄 수밖에 없다. 물론 어떤 일을 '진행하려면' 어느 정도 권위가 있어야 한다. '목적'을 달성하려면 권위가 필요하다고들 하는 것도 그런 이유다. 하지만 정해진 목적도 의제도 없는 것이 대화다. 해야 하는 일이 없다면 권위나 위계질서가 필요하지 않다. 대화에 진정 필요한 것은 오히려 권위나 위계질서가 없는 공간, 특별한 목적이 없이 비어 있는 공간이 필요하다. 비어 있기 때문에 무엇이든 논의할 수 있는 그런 공간 말이다.

이미 말한 것처럼 한계를 정하고 대화를 하는 것도 가능하다. 말하자면 목적이나 목표를 생각하면서 대화를 하는 것도 가능하다. 하지만 가장 좋은 것은 한계를 정하지 않고 모든 것을 개방하는 것이다.

한계를 정하면 자신이 정한 한계에 기초한 가정을 받아들이게 되는데, 이런 가정이 자유로운 커뮤니케이션을 저해할 가능성이 있다. 그러다 보면 자신의 가정에 주의를 소홀히 하기 쉽다.

하지만 사람들이 전적으로 개방적인 커뮤니케이션을 할 준비가 되어 있지 않다면 어떻게 해야 할까? 무조건 이상적인 상황을 바라지 말고 가능한 선에서 시작해야 한다. 대화 원칙을 기업에 적용하는 일에 관심이 많은 대학 교수들이 있다. 그런 교수 중에 한 명이 최근에 사무용 가구 회사 임원들과 모임을 가졌다. 회사 임원들이 이 모임을 희망했다. 회사가 효율적으로 운영되지 않고 자신들의 의견을 모으기가 쉽지 않다는 사실을 느끼고 있었기 때문이다. 임원들은 온갖 가정을 갖고 있었고 그것이 하는 일마다 걸림돌이 되고 있었다. 그래서 교수를 초빙했다. 교수가 대화를 시작하자 그들은 매우 흥미롭다는 반응을 보였고 이런 대화 기회를 회사 전체로 확대할 예정이라고 한다.

이런 식의 대화는 당연히 한계가 있게 마련이다. 일단 참가자가 명확한 목표를 갖고 있는데 여기서 한계가 생긴다. 하지만 그렇더라도 상당한 가치가 있다. 최소한 사람들이 서로의 가정을 알고, 귀를 기울이고, 이해하게 해준다. 타인의 가정을 제대로 이해하지 못하고 자기식으로 해석하고 반응해서 난감한 상황에 처하는 일도 많다. 당혹스럽기는 상대도 마찬가지다. 아마 '도대체 저 사람이 뭘 하고 있는 거지?'라며 자문할 것이다. 상대를 이해했다고 생각하고 대응했지만 결과는 혼란만 가중될 뿐이다. 그러므로 최소한 상대의 가정을 이해하기만 해도 상당한 가치가 있다.

사무용 가구 회사에서 대화를 진행한 교수는 두 가지 흥미로운 사례를 말해주었다. 하나는 고위 임원진에 문제가 많은 회사 이야기였다. 임원들은 서로 잘 지내지도 못하고 회사에도 불만이 많았다. 회사는 이런 문제를 고액 연봉이나 승진 같은 당근으로 해결해왔다. 그런 연유로 평범한 능력을 가진 직원도 높은 위치까지 올라가 있었다. 이런 상황이 얼마간 계속되자 고액 연봉자가 너무 많아져서 회사가 감당하기 힘든 지경에 이르렀다. 이런저런 부담으로 회사는 내리막길을 걷고 있었다. 회사는 냉철하고 단호한 사람을 고용해서 직원들을 설득하기로 했다. 예전처럼 쉽게 처우 개선을 해주지 못하는 상황을 이해시켜야 한다고 생각했던 것이다. 회사가 부른 협상가는 '회사에서 감당할 여력이 없어서' 정책을 바꿨다며 새로운 정책을 설명했다. 하지만 그는 문제의 핵심을 피하고 있었다. '지금까지의 방법이 틀렸다'고 솔직하게 말하지 않았다. 회사가 효율적으로 운영되려면 승진으로 불평불만을 해소하는 방법 자체를 없애야 하며 사람들이 거기에 합의해야 한다. 모두가 그것이 옳은 경영 방식이 아니라는 사실을 알고 폐지에 합의해야 한다. 그렇지 않으면 비효율적 경영이라는 문제는 근본적으로 사라지지 않는다. 따라서 대화가 필요했다. 사람들이 핵심 현안을 명확하게 이해하기 위해서 서로 이야기를 시작해야 했다. '이것이 저희가 생각하는 방법이고, 거기서 문제가 발생했으며, 그래서 우리는 이렇게 해야 합니다.'라고 말이다. 그래서 회사가 생존해야 한다는 기본 가정 안에서 한계를 가진 대화가 시작되었다. 궁극적으로 우리가 여기서 지향하는 그런 종류의 대화는 아니었지만 그래도 어떤 의미에서는 훌륭하고 의미 있는 대화였다.

인류 전체가 그렇게 해야 한다는 것이 나의 주장이다. 해당 회사가 내리막길을 걷게 된 것과 같은 이유로 인류도 내리막길을 걷고 있다.

두 번째 사례는 협상을 전문으로 하는 집단의 이야기다. 구체적으로는 기업의 문제 해결을 지원하는 일을 전문으로 하는 사람들로 구성된 대학 내의 집단이었다. 그들은 자체 모임을 만들었는데 만나서 이야기를 나누는 자체가 모임의 목적이었다. 일련의 모임을 가지는 동안에 두 사람이 매사에 충돌하는 상황이 벌어졌다. 한 사람은 문제를 명확하게 드러내어 상대가 문제에 정면으로 맞서게 하는 것이 옳다는 가정을 줄곧 갖고 있었다. 다른 사람은 그렇게 하면 안 된다는 정반대의 가정을 갖고 있었다. 발언을 대하는 견해도 서로 달랐다. 두 번째 사람은 다른 사람이 말을 하도록 격려해주는 그런 분위기가 옳다고 생각했다. 다른 사람이 말할 기회를 주고 격려해주지 않으면 발언하기가 쉽지 않다고 느꼈기 때문이다. 첫 번째 사람은 그런 것이 필요 없다며 오히려 반대로 했다. 그래서 그들은 합의를 볼 수 없었고 혼란과 대립이 오랫동안 계속되었다. 한쪽은 자신에게 말할 기회와 힘을 주기를, 다른 사람은 그런 사정을 이해하지 못한 채로 기다렸다. 어느 날 마침내 그들이 이야기를 하게 되었다. 두 사람 모두 각자의 가정 이면에 있는 유년 시절의 경험담을 이야기했고 서로 마음을 열었다.

퍼실리테이터 역할의 회원은 그동안 거의 하는 일이 없었다. 사실 회원 몇 사람이 퍼실리테이터에게 이야기를 해보라고 건의하기도 했다. 퍼실리테이터는 때때로 끼어들어서 현재 상황이 어떤지, 의미가 무엇인지 등 의견을 말하기도 했다. 일반적인 집단에서는 퍼실리테이터도 결국 한 명의 참가자일 뿐이다. 하지만 회사의 경우에는 그런 방법이 통용되지 않을 수도 있다. 목적이 아주 제한되어 있는 집단에서는 퍼실리테이터가 그저 평범한 참가자로 남지 못할 수도 있다.

이 사례는 개인적인 요소가 집단 전체에 영향을 미치는 경우를 보여준다. 유년 시절의 경험 같은 아주 개인적인 요소로 인해 생긴 가정이 대화를 가로막는 일이 생기기 때문이다. 이 사례에서는 결국 그런 가정이 밝혀졌다. 참가자는 서로를 치료하려 하지 않았지만 결과적으로 심리 치료 효과를 보았다. 하지만 이런 효과는 어디까지 부수적인 것일 뿐이다.

기업의 사례처럼 제한된 대화는 오히려 부패 체제만 심화시킨다고 생각하는 이들도 있다. 하지만 거기에도 다른 뭔가가 탄생할 싹이 있다. 사회 전체를 보면 부패로부터 완전히 자유로운 곳은 그리 많지 않다. 따라서 부패를 모두 제거하려는 노력은 성과를 거두기 어렵다. 임원들은 회사가 돌아가게 해야 한다. 그리고 실제로 이들 회사가 보다 효율적으로 돌아가면 우리 모두가 훨씬 부유해진다. 사람들의 삶이 힘들어지고, 사회가 엉망으로 돌아가고, 모든 것이 붕괴되는 현실에는 비효율적인 기업도 일정 부분 책임이 있다. 정부와 기업이 효율적으로 돌아간다면 낭비도 크게 줄어들 것이다. 물론 그것만으로 모든 문제가 해결되지는 않겠지만 말이다.

사회가 제대로 기능하려면 이런 모든 것이 효율적이고 일관성 있게 돌아가야 한다. 오늘날 세계 어느 나라든 현황을 주의 깊게 살펴보라. 상황이 일관성 있게 돌아가지 않는다는 사실을 금세 알 수 있다. 대다수 기업은 비일관성이 심각한 정도다. 상황은 서서히 악화되고 있다. 여하한 상황에서든 이런 개념(대화가 가진 가능성)을 이해하고 사람들이 거기에 관심을 가지도록 만들 수 있다면 그것 또한 일종의 진보다. 정부 상층부는 우리가 지금 이야기하는 대화를 하는 것 같지 않다고 볼 수도 있다. 하지만 그들이 어떻게든 대화를 한다면, 그리고 대화 원칙을 받아들이기 시작한다면 그것은 일종의 발전이다. 그런 활동이 실질적인 변화로 이어질 가능성은 항상 있다. 정부의 대화 덕분에 무기 생산으로 인한 막대한 자원과 에너지 낭비가 줄어들 수도 있다. 무기 생산에 그야말로 막대한 돈을 쓰는 현실이 바뀐다면 어떻게 될까? 같은 돈을 생태계 재생 같은 보다 건설적인 용도로 사용할 수 있을 것이다. 실제로 그런 일은 가능하다. 예를 들어 생태 문제에 관심이 있는 정치인이 나서서 대통령이 그런 문제를 의식하게 유도할 수 있다. 그들이 진실한 의미의 대화를 나눈다면 가능한 일이다. 그렇다고 정치인이 우리가 직면한 문제를 해결해줄 것이라는 의미는 아니다. 비록 미미하더라도 보다 솔직하고 개방적인 대화를 향한 움직임이 중요하다는 것이다. 그런 미미한 움직임이 지금의 파멸 속도를 다소나마 늦출 수 있다. 지금 속도로 계속 간다면 뭔가를 시도해 볼 시간조차 없을지 모른다.

일반인이 대통령이나 총리처럼 높은 자리에 있는 사람에게 직접적으로 영향을 미치기는 쉽지 않다. 그들은 각자의 의견이 있고 우리는 우리 의견이 있다. 하지만 말했던 것처럼 아이디어는 여기저기로 침투하는 성질이 있다. 대화와 다소라도 비슷한 개념이 어떻게든 그런 높은 지위에 있는 사람에게까지 침투한다면 성과가 있을지도 모른다. 그것이 바로 내가 말하려는 요지다. 정부 내에도 관련하여 다양한 의견이 있는 것으로 알고 있다. 이런 움직임이 구체적으로 어떤 결과를 낳을지는 모르는 일이다. 하지만 보다 개방적이고 진솔한 뭔가를 향한 움직임이 있다는 사실만은 확실하다. 그것이 모든 문제를 해결해주리라고 말하는 것이 아니다. 내가 말하는 것은 그런 움직임이 파멸의 속도를 늦춘다면 의미가 있다는 것이다. 파멸의 속도를 늦춰 새로운 뭔가가 도래할 시간을 벌어주지 않는다면 어쩌면 너무 늦을지도 모른다.

전 세계적으로 나타나는 문제를 종식시킬 정치적인 해답은 없을지도 모른다. 하지만 대화에서 특정 의견이 중요하지 않듯이 여기서 중요한 것은 해답이 아니다. 오히려 대립을 완화하고 마음을 열어 모든 의견을 살펴보는 태도가 중요하다. 그런 태도가 조금씩이라도 퍼지면 파멸의 속도를 늦출 수 있으리라고 나는 믿는다.

지금까지 우리는 자신의 의견과 가정을 공유하고, 타인의 가정에 귀를 기울이는 자세가 반드시 필요하다는 사실을 이야기했다. 아인슈타인과 보어의 경우 그들의 반목이 폭력으로까지 번지지는 않았다. 하지만 보통은 타인이 자신의 근본적인 가정에 귀를 기울이지 않으면 폭력적이라고 느끼기 쉽고, 스스로도 폭력적인 방향으로 기울기 십상이다. 따라서 개인적으로든 집단적으로든 타인의 가정에 귀를 기울이는 태도가 중요하다. 대화는 다양한 의견과 가정을 집단적인 방식으로 드러나게 하는 효과적인 방법이다.

대화를 넘어서

그렇지만 명심할 것이 있다. 대화, 그리고 우리가 지금까지 이야기한 모든 것이 사회의 병폐 해결을 위한 도구만은 아니다. 물론 그런 병폐는 해결해야 한다. 그런 병폐가 없다면 우리 삶이 훨씬 풍요로울 것이다. 인간이 생존하고 보다 가치 있는 삶을 영위하려면 이런 문제에 대처해야 한다. 하지만 그런 문제가 해결된다고 해서 끝이 아니다. 그것은 오히려 시작일 뿐이다. 나는 개인 차원에서든 집단 차원에서든 의식의 본질을 바꾸는 것도 가능하다고 생각한다. 이론적으로 가능하지만 실행 가능 여부는 대화에 달려 있다. 우리가 살펴보고 있는 내용이 바로 그것이다.

이런 변화가 개인 차원뿐 아니라 집단 차원에서도 일어나는 것이 아주 중요하다. 개인이 바뀌어도 전체에는 거의 영향을 미치지 못하지만 집단적으로 '함께' 변한다면 훨씬 큰 의미를 지닌다. 우리 중에 일부가 소위 '진리'에 도달하고 나머지 대다수는 뒤처져 있다고 가정해보자. 진리에 도달한 소수가 전체적인 문제를 해결할 수 있을까? 그렇지 않다. 오히려 진리에 도달한 자와 도달하지 못한 자 사이에 갈등만 늘어날 것이다. 기독교, 이슬람교, 기타 여러 종교의 신자가 모두 같은 신과 예언자, 구세주를 믿으면서도 대립과 갈등을 계속하고 있듯이 말이다.

우리가 의미를 소통하고 공유하지 못한다면 사랑은 없어질 것이다. 아인슈타인과 보어 사이의 사랑은 그들의 소통이 불가능해지면서 서서히 증발해 버렸다. 하지만 우리가 진정한 의미에서 소통한다면 동료애, 참여, 우정, 사랑을 키우고 또 키우게 될 것이다. 그런 것이다. 여기서 제기해야 할 진짜 질문은 이렇다. 이런 과정의 필요성이 느껴지는가? 핵심 질문은 그것이다. 만약 당신이 그것이 절대적으로 필요하다고 생각하면 무언가를 하지 않고는 못 배길 것이다.

대화에서 우리가 이처럼 일관성 있는 높은 에너지를 발산할 경우 단순히 사회문제를 해결하는 집단 이상의 뭔가를 할 수 있다. 개인의 내부에서도, 우주와의 관계에서도 변화가 가능해질 것이다. 이런 에너지는 흔히 '영적 교감'이라고 불려왔다. '참여'의 일종이다. 초기 기독교가 그리스어로 'koinonia'라고 부르던 것인데 어원은 바로 '참여하다'이다. 전체를 나누어 가지고 동시에 집단 전체뿐만 아니라 그야말로 우주 전체에 참여한다는 의미다.

On Dialogue

3.

집단 사고의 본질

V

The Nature of Collective Thought

현대 세계는 어떤 문제가 있는가? 사실 너무 많아서 목록 작성조차 불가능하다는 생각이 앞선다. 지금 이 순간도 계속되는 전쟁, 기아, 고문, 약탈, 질병, 정치적으로 자행되는 온갖 더러운 속임수를 볼 수 있다. 동서로 나뉘어 대립하는 일종의 양극화 현상도 보인다. 서양은 개인과 자유의 가치를 주장하고, 동양은 모두와 보살핌을 받는 집단 사회의 가치를 주장한다. 또한 남북 대립과 양극화도 보인다. 여기서 북은 부유하고 남은 가난하다. 구체적으로 아프리카, 남아메리카, 남아시아 등지에는 엄청난 문제가 산재한다. 심각한 빈곤과 부채, 경제 파탄, 총체적 혼란 상황이 지속되고 있다.

기술 발전 또한 많은 문제를 야기한다. 핵무기가 지구촌 곳곳의 독재자 손에 넘어갈 위험이 상존하고 있다. 비교적 작은 국가의 독재자라도 원하면 핵무기를 손에 넣을 수 있다. 생화학 무기의 위험도 도사리고 있으며, 아직 개발이 완료되지는 않았지만 언젠가 모습을 드러낼 다른 대량 살상 무기도 부지기수다. 또한 우리는 생태계 파괴 위험에 직면해 있다. 농지와 숲이 파괴되고, 각종 오염이 정도를 더해가고 있으며, 기후 변화를 비롯하여 여러 가지 영향이 나타나고 있다. 우리가 지금 같은 행동을 계속한다면 머지않은 미래에 생태 재앙이 닥칠 것이 자명하다. 도처에서 목격되는 범죄와 폭력, 약물 문제 등은 어떤가? 범죄와 폭력이 난무하고 약물 의존이 늘어간다는 사실은 사람들이 행복하지 않으며 지금 상황에 만족하지도 못한다는 방증이다. 더 나열할 필요가 있을까? 제대로 목록을 만들자면 거의 끝이 없다.

어쩌자고 우리는 이런 상황을 받아들이고 있는 것일까? 파괴적이고 위험한 상황, 불행과 직결된다는 것이 빤히 보이는 이런 상황을 말이다. 모두가 뭔가에 홀려 판단 능력을 상실했나 싶을 정도다. 정상으로 보기 힘든 상황이 지속되고 있지만 누구도 어떻게 해야 할지, 무슨 말을 해야 할지를 모르는 것 같다. 과거에는 사람들이 뭔가 해결책이 나타나리라는 희망을 품었다. 예를 들면 민주주의나 사회주의 같은 이념, 혹은 종교 같은 것에 기대를 품었다. 하지만 이런 기대와 희망은 과거에 비해 훨씬 약해졌다. 그동안의 경험으로 보아 성과가 없었기 때문이다. 이런 현상의 이면에는 사고의 작용 방식에 우리가 이해하지 못하는 뭔가가 있다는 것이 나의 생각이다.

문명 발달 초기의 사고는 아주 가치 있는 것으로 간주되었다. 그리고 지금도 마찬가지다. 사고는 인류가 자랑스러워하는 모든 것을 해냈다. 사고가 발전된 도시를 건설했다. 개인적으로는 도시가 과연 우리가 자랑스러워할 결과물인가에 의문이 있지만 말이다. 사고는 과학과 기술을 탄생시키고 의학 분야의 발전에도 많은 일을 해냈다. 알고 보면 우리가 자연이라고 부르는 모든 것이 사고에 의해서 체계적으로 정리되었다. 하지만 사고는 또한 실수를 하며 파괴를 야기한다. 이런 문제는 특정한 사고방식에서 비롯된다. 앞에서 언급한 파편화가 대표적이라 할 수 있다. 파편화를 지향하는 사고는 사물을 조각조각 부수는 경향이 있다. 이는 단순한 분해와는 다르다. 분해는 구성 요소를 나누는 것이지만 파편화 사고는 실제로 분리되지 않은 것까지 어떻게든 부수려고 한다. 비유하자면 시계를 조립 전의 부품으로 분해하는 것이 아니라 바닥에 내동댕이쳐서 파편으로 만드는 것과 같다. 부품은 전체를 이루는 부분이지만 깨진 파편은 서로 무관하게 아무렇게나 존재하는 조각일 뿐이다. 애초에 한 덩어리이던 것이 그렇지 않은 것처럼 취급된다. 이는 잘못된 사고의 특징 중에 하나다.

과거에는 이를 인지하지 못하고 '지식이 힘'이며 무지는 나쁘다고만 생각했다. 하지만 지식과 사고에도 모종의 위험이 존재하고 있는데 사람들은 그동안 충분한 주의를 기울이지 않았다. 사고는 어쩌면 수천 년 혹은 수만 년 전부터 잘못되기 시작했는지도 모른다. 과연 언제부터였는지 모르는 일이다. 문제는 기술의 급속한 발전 때문에 잘못된 사고 문제가 현대에 와서 치명적인 상태까지 악화되었다는 것이다. 지금부터 천년 뒤를 상상해본다면 과연 어떤 일이 생길까? 대재앙, 혹은 그에 가까운 뭔가가 있지 않을까? 말하자면 기술의 급속한 발전과 함께 인류는 엄청난 위기와 도전에 직면해 있다. 우리는 문제 있는 사고 과정에 대처하여 뭔가를 해야만 한다. 그것이 우리를 파괴하도록 내버려둘 수는 없다. 하지만 과연 우리가 무엇을 할 수 있을까? 그렇다고 사고를 없앨 수는 없는 노릇이다. 사고 없이는 살 수 없음이 자명하기 때문이다. 나쁜 사고만 골라내서 없애는 것 역시 불가능하다. 그러므로 보다 깊이 들어가야 한다. 말하자면 사고와 관련된 문제는 눈에 훤히 드러나는 명시적인 것이 아니라는 말이다. 포착하기 힘든 미묘한 문제이므로 더욱 깊이 들여다봐야 한다. 문제의 뿌리까지 가야 한다. 문제의 근본적인 토대, 즉 근원까지 말이다.

상수원 부근이 오염되고 있는 하천을 생각해보자. 하류에 사는 사람들은 이를 모르고 있다. 그래서 그들은 눈앞의 오염을 제거하고 물을 정화하려고 노력한다. 하지만 그런 행동은 효과는커녕 다른 종류의 오염원만 추가할 수 있다. 그들이 해야 하는 일은 하천 전체를 보고 오염원을 찾아내는 것이다. 사고와 관련된 문제도 마찬가지다. 사고의 근원 어딘가가 오염되고 있으므로 근원을 찾아내는 것이 해법이다. 오염원이 하천으로 흘러들고 있고 이는 어제오늘의 일이 아니다. 어찌 보면 잘못은 사람들이 처음으로 오염원을 주입한 때라고 말할 수도 있다. 하지만 핵심은 우리가 오염 물질 주입을 멈추지 않는다는 것이다. 말하자면 계속 오염 물질을 붓고 있다는 사실이다. 따라서 원인은 과거, 즉 오염 물질 주입이 처음 시작된 고대에 있지 않다. 오히려 원인은 항상 지금에 있다. 그러니 우리가 관심을 기울이고 들여다봐야 할 것도 바로 지금이다.

나아가 나는 우리가 사고와 관련하여 뭔가를 봐야 한다고 말하고 싶다. 사고에 대해 이야기하고 생각할 뿐만 아니라 사고가 실제로 어떻게 기능하는가를 볼 필요가 있다. 이는 언어를 초월한 문제다. 내가 무슨 말을 하는지 감이 오지 않을 수도 있다. 나는 지금 사고는 매우 실제적인 과정이라고 말하고 있다. 그러므로 우리는 물질세계, 즉 눈으로 볼 수 있는 세계에서 일어나는 과정에 주의를 기울이듯이 사고 과정에 주의를 기울여야 하며 그것이 가능하다고 말하고 있다. 지금쯤은 사고에 주의를 기울인다는 것이 어떤 의미인지 감이 왔을지도 모르겠다. 서구 문화는 물론 사실상 거의 모든 문화가 거기에는 크게 주의를 기울이지 않았고 따라서 그다지 도움이 되지 않는다. 그래도 사고에 주의를 기울이는 것은 더없이 중요한 일이다. 사실상 모든 것이 사고에 의해 좌우된다. 사고가 잘못되면 모든 것을 잘못하게 된다. 하지만 우리는 사고 과정에 주의를 기울이지 않은 것을 너무 당연하게 생각해왔다.

'나한테는 너무 벅찬 문제'라고 말하는 이도 있을 것이다. 어떤 의미에서 맞는 말이다. 하지만 다른 시각에서 보면 결코 그렇지 않다. 현재 위기가 오로지 외부 현상과 관련되어 있다고 본다면 개인이 대처하기에는 벅찬 것이 사실이다. 그런 문제라면 다음과 같을 것이다. 제대로 건설되지 않은 댐이 있다고 가정해보자. 댐은 서서히 무너지고 있다. 서서히 무너지던 댐이 어느 순간 사라지고 엄청난 물이 쏟아져 나온다. 이때 방출되는 물을 막거나 멈춘다는 것은 사실상 불가능하다. 여기서 우리가 던져야 할 질문은 이렇다. 잘못된 댐을 만들고 무너지도록 방치하는 과정은 어떤가? 심층에서 과연 어떤 일이 진행되고 있는가?

사실 진정한 위험은 눈에 보이는 사건들, 즉 전쟁, 범죄, 약물, 경제 위기, 오염 등에 있지 않다. 진정한 위험은 그것들을 만들어내는 사고 안에 있다. 특정한 경우가 아니라 항상 그렇다. 누구든 그런 사고에 뭔가를 할 수 있다. 누구나 사고를 하고 있기 때문이다. 하지만 이와 관련하여 우리는 중대한 오류에 빠져 있다. 우리는 항상 이렇게 생각한다. "저런 모든 것을 생각하는 것은 그들이지 내가 아니야. 나는 올바르게 생각하고 있다고." 나는 이런 태도야말로 잘못이라고 본다. 사고는 우리 안에 스며들어 있다. 이는 바이러스와 비슷한 상황이다. 어찌 보면 세계 곳곳에 사고, 지식, 정보의 질병이 퍼져 있다고 말할 수도 있다. 컴퓨터, 라디오, 텔레비전 보급이 늘어날수록 이런 질병은 더욱 빠르게 퍼진다. 우리 주위에서 진행되는 잘못된 사고가 스스로도 눈치채지 못하는 사이에 우리 모두의 내면에서 자라기 시작한다. 이는 바이러스처럼 확산되고 우리는 바이러스에 영양분을 제공하고 무럭무럭 키우고 있다.

이런 바이러스 확산을 멈출 면역 체계를 우리는 갖추고 있는가? 이를 막을 유일한 방법은 그것을 인지하고 인정하고 정체를 파악하는 것이다. 누구든지 사고를 관찰하기 시작하는 순간 문제의 근원을 보게 된다. 이는 누구에게나 공통되는 사안이다. '저기 있는' 어떤 사람이 잘못된 사고를 하는 것이 문제의 근원이라고 생각할 수도 있다. 하지만 문제의 근원은 이보다 훨씬 깊은 곳에 있다. 사고 전체 과정에서 뭔가가 잘못 돌아가고 있는 것이 원인으로 이는 집단적이다. 말하자면 우리 모두와 관련되어 있다.

우리가 의문을 품어야 하는 핵심은 사고가 개인의 것이라는 가정이다. 사실 어느 정도까지는 그렇다. 우리는 어느 정도 사고의 독립성을 갖고 있다. 하지만 보다 신중하게 살필 필요가 있다. '개인적이다' 혹은 '개인적이 않다'라고 딱 잘라 말하기에 사고는 너무 미묘한 무엇이다. 어떠한 전제 없이 사고가 진정 무엇인가를 보아야 한다. 우리가 생각을 하는 동안 진정 무슨 일이 일어나고 있는가? 일반적인 형태의 사고 대부분이 사실은 개인적이지 않다는 것이 나의 견해다. 이는 전체 문화에서 시작되어 개인에게 스며들었다. 아이들은 어려서부터 부모, 친구, 학교, 신문, 책 등에서 사고를 취한다. 우리가 거기에 변화를 주는 경우는 드물다. 우리는 마음에 드는 부분을 취하고 그렇지 않은 부분을 거부한다. 그렇게 취사 선택을 하지만 그래도 사고 자체는 사회의 공통 사고에서 나온다. 지속적인, 말하자면 영원한 근원이 되는 사고의 심층 구조는 항상 거기에 있다. 그렇다고 사고의 근원을 찾아 시간을 거슬러 올라가야 한다는 뜻은 아니다. 사고의 근원은 지금도 끊임없이 작용하고 있다. 사고의 심층 구조는 모든 인간에게 공통되며 우리가 도달해야 하는 곳이 바로 거기다. 사실 사고의 내용과 심층 구조가 별개로 떨어져 있지 않다는 사실을 알아야 한다. 우리가 사고에 대해 생각하는 방식 자체가 사고 구조에 영향을 주기 때문이다. 예를 들어 우리가 사고는 개인적인 것이며 나로부터 나온다고 생각하면 그런 생각 자체가 사고의 기능 방식에 영향을 미친다. 따라서 우리는 내용과 구조를 동시에 살펴야 한다.

우리는 온갖 사물을 '안다'고 느낀다. 하지만 온갖 사물을 알고 있는 것은 '우리'가 아니라 지식 자체라고 말할 수도 있다. 지식, 즉 사고가 독자적으로 사람에서 사람으로 움직인다는 의미다. 여러 대의 컴퓨터가 한곳에 집적된 지식을 공유하듯이 인류 전체가 사용하는 집적된 공동 지식이 존재한다. 이런 집적된 사고는 수천 년 동안 발전해왔고 온갖 내용물로 가득 차 있다. 이런 지식, 즉 사고는 그런 모든 내용을 알고 있지만 자신이 무엇을 하는지는 모른다. 이런 지식은 스스로를 잘못 알고 있다. 말하자면 스스로가 아무것도 하지 않는다고 알고 있다. 그래서 이렇게 말한다. "나는 어떤 문제에도 책임이 없어. 나는 그저 사용을 위해 존재하고 있을 뿐이라고."

우리가 생각한 것에 토대를 두고 있는 모든 사고는 분명 기억에서 연유한다. 우리는 경험과 실천을 통해 지식을 쌓는다. 우리가 경험과 실천을 생각하고 정리하면 그것이 기억 속에 쌓이고 지식이 된다. 그런 지식의 일부를 기술skill이라 부르는데 대개는 실천을 통해 습득된다. 그것 역시 일종의 기억으로 우리의 신체 또는 뇌의 어느 부분에 축적된다. 이런 모든 것이 연결된 하나의 시스템의 일부다. 이런 연결 속에 마이클 폴라니Michael Polanyi가 암묵적 지식tacit knowledge(학습과 체험을 통해 습득되지만 겉으로 드러나지 않고 언어로 설명하기도 힘든 상태의 지식-옮긴이)이라고 불렀던 것이 있다. 암묵적 지식이란 말로는 설명할 수 없지만 분명 존재하는 그런 지식이다. 우리는 자전거를 탈 줄 알지만 구체적으로 어떻게 그럴 수 있는지 설명할 수 없다. 자전거가 넘어지려 하면 기우는 쪽으로 방향을 틀어주어야 바로 세울 수 있다. 자세히 알고 보면 틀어주는 각도와 넘어지는 각도 사이에 일정한 함수 관계가 있음을 보여주는 수학 공식이 있다. 넘어지는 자전거를 바로잡을 상황에서 우리는 실제로 그런 작업을 하고 있는 것이다. 하지만 우리가 그런 공식을 알고 실천하는 것은 아니다. 우리의 온몸이 말로는 설명하기 힘든 움직임을 계속해서, 결국 공식대로 자전거가 넘어지지 않게 만든다. 그것이 바로 암묵적 지식이다. 이는 우리가 갖고 있으며 없으면 살아가기 힘든 그런 지식이다. 과거에 학습을 통해서 터득한 것이 계승되고 있는 것이다. 그러므로 우리는 경험, 지식, 사고, 감정, 실천 등의 과정을 거치며 모두가 하나로 연결되어 있다.

우리 말에는 '생각thinking'과 '사고thought' 사이에 구분이 있다. '생각'은 영어 단어 'thinking'에서 보이듯이 현재 시제임을 시사한다. 그러므로 '생각'은 진행되고 있는 어떤 활동으로 잘못 진행되는 것을 감지하는 매우 중요한 민감성도 포함된다. 또한 새로운 아이디어가 있을 수도, 가끔은 내면의 인식이 포함될 수도 있다. 반면 '사고'라는 영어 단어 'thought'는 'think'의 과거분사 형태다. 우리는 뭔가를 생각하고thinking 나면 사라진다는 개념을 갖고 있다. 하지만 생각하던 내용은 결코 사라지지 않는다. 그것은 어떻게든 뇌로 침투하여 무언가 흔적을 남기고 그것이 우리가 말하는 '사고'가 된다. 그리하여 사고는 혼자서 활동하게 된다. 따라서 사고는 기억에서, 과거로부터, 과거에 했던 것에서 나온 반응이다. 그렇게 우리에게는 현재 진행되는 '생각'과 기억에 토대를 두고 있는 '사고'가 있다.

또한 '느낌feeling'이라는 단어가 있다. 이는 '느끼다feel'라는 동사의 현재 시제이므로 진행 중인 현재임을, 즉 현실과 직접적으로 연결되어 있음을 암시한다. 여기서 과거형인 '느꼈다felt'라는 단어를 함께 살펴볼 필요가 있다. 사실 우리가 느끼는 것에도 현재의 '느낌feeling'이 있고 과거에 '느꼈던 것felt'이 있다. 즉 '느꼈던 것'은 어딘가에 기록된 '느낌'이다. 따라서 과거에 정신적으로 깊은 상처를 남긴 경험이 떠오르면 매우 불쾌감을 느낀다. '향수'라고 하는 느낌 역시 과거에서 비롯된다. 떠오르는 많은 느낌이 사실은 과거에서 온다. 말하자면 그것들은 과거에 '느꼈던 것'이다. 하지만 단순히 반복 재생되는 기록이라면 현재의 즉각적인 상황에 대한 반응만큼 큰 의미를 가지지는 않을 것이다.

우리의 문화가 사고와 과거의 느낌에 잘못된 해석을 제공하고 있다는 사실을 알아야 한다. 이런 인식 자체가 무척 중요하다. 문화는 우리에게 이 둘을 분리할 수 있으며, 한쪽이 다른 한쪽을 통제할 수 있다고 끊임없이 암시를 보낸다. 하지만 사고와 과거의 느낌은 하나의 과정이며 분리된 둘이 아니다. 기본적으로 둘 다 기억에서 나온다. 아마도 기억 속에서 사고와 과거의 느낌은 온통 뒤섞여 있을 것이다. 기억은 물리적인 신체와 감각에도 영향을 미친다. 스트레스를 주는 기억 때문에 실제로 몸에서 스트레스를 느낄 수가 있다. 기억이 작동하는 순간 우리는 지적인 기능, 감정적인 기능, 화학적인 기능, 근육의 기능 등을 구별할 수 없다. 암묵적 지식 역시 일종의 기억이기 때문이다. 그것들은 모두 뒤섞여서 존재한다.

뇌 구조를 다루는 신경과학 연구 결과를 보면 사고는 대뇌피질의 특정 부분인 전두엽에서 생기며, 감정 중추는 더 깊은 곳에 있다고 한다. 아주 두꺼운 신경섬유 다발이 양쪽을 긴밀하게 연결하고 있는데, 실제로도 양쪽이 연결되어 있다는 많은 증거가 있다. 위험한 상황에 맞닥뜨렸을 때 맞서 싸우거나 도망치거나 그대로 꼼짝하지 않는 반응 중에 하나를 선택하는 원시 반사 반응을 생각해보라. 이런 원시 반응이 현대의 상황에서 어떻게 작용하는가를 보여주는 좋은 예를 텔레비전 프로그램에서 본 적이 있다. 상사에게 화가 난 공항 관제사가 등장하는 이야기였다. 관제사는 상사에게서 부당한 대우를 받고 있었지만 직장을 그만둘 수도 도망칠 수도 없었다. 그렇다고 상사에 대들 수도 없었다. 경직된 채로 아무것도 하지 않고 있는 것도 불가능했다. 그러는 동안 그의 뇌는 정글에서 공격이라도 당하고 있는 듯 신경 화학 물질을 마구 쏟아내고 있었다. 이런 과정이 그의 몸을 교란하여 제대로 기능하지 않게 만들고 동시에 이성적인 사고를 가로막았다. 이성적인 사고를 하려면 원활히 돌아가는 차분한 뇌가 필요한데 그렇지 못했다. 이런 경우 생각을 하면 할수록 상황은 악화된다. 더욱 잘못된 방향으로 유도하고 괴롭게 만들 그런 사고만 쌓인다.

진화 과정을 추적하여 모든 발생 과정을 살펴본다면 무척 흥미로울 것이다. 복잡한 사고를 가능하게 해주는 전두엽과 대뇌피질이 포함된 부분을 보통 '신뇌new brain(新腦)'라고 부른다. 진화 과정에서 비교적 늦게 발달한 부분이기 때문에 그렇게 부르는 것인데 이론적으로 보면 인간의 '신뇌'는 '구뇌old brain(舊腦)'에 비해서 다소 급격하게 발달했다고 말할 수 있다. 따라서 신뇌는 예전부터 존재했던 구뇌와 조화로운 관계를 맺지 못했다. 감정을 비롯한 뇌의 예전 기능은 동물적인 상황에서 도망치거나, 맞서 싸우거나, 죽은 듯이 움직이지 않는 식으로 눈앞의 현실에 즉각 반응할 수 있었다. 그러다가 새로 만들어진 대뇌피질의 활동이 시작되었다. 대뇌피질은 아주 사실적으로 보이는 온갖 이미지를 투영하는 재주가 있었다. 하지만 구뇌는 이미지와 실재의 차이를 구별하는 법을 제대로 터득한 적이 없다. 그럴 필요가 없었으니까 말이다. 구뇌는 많은 이미지를 한꺼번에 만들어내는 그런 구조에 놓여본 적이 없었다. 구뇌의 이런 상태는 실제로 눈앞에 다른 개를 보고 있는 동안에 굳이 또 다른 개의 모습을 상상할 필요가 없었던 개와 다름없었다. 말하자면 진화 단계에서 개 정도에 있었다고 볼 수 있다.

침팬지 단계로 진화했을 무렵에는 다른 침팬지의 이미지가 침팬지 자체와 동일한 반응을 야기할 수 있었다.(침팬지는 다른 침팬지가 눈앞에 존재하지 않을 때도 이미지를 떠올릴 수 있었다) 이것이 뇌의 새로운 부분을 혼란스럽게 하기 시작했다. 위기 시의 반응이며 반사 작용, 신경 화학 물질 등이 신뇌에 영향을 주고 있었다. 신뇌는 상황을 바로잡을 수 없었고 이런 신뇌의 반응이 구뇌를 더욱 혼란스럽게 만들었다. 이런 모든 과정이 꼬리에 꼬리를 무는 오류를 야기하기 시작했다.

아마도 그렇게 해서 오늘날 우리가 만들어졌다고 말할 수도 있을 것이다. 여기서 주목할 사항은 구뇌가 주로 활동하는 환경이 이제는 자연이 아니라 신뇌라는 사실이다. 자연이 이제는 신뇌를 통해서 걸러지기 때문이다. 문명화는 이런 상황을 더욱 악화시키는 경향이 있다. 이는 아주 뚜렷한 경향이다. 문명이 발전함에 따라 인간은 규칙, 권위, 경찰, 감옥, 군대 등을 가진 더욱 큰 규모의 사회가 필요하다. 이 과정에서 엄청난 스트레스가 생긴다. 문명이 발달할수록 일반적으로 스트레스도 증가한다. 수천 년 동안 그런 식이었는데 우리는 이를 어떻게 할 것인지 아직도 숙제를 해결하지 못했다.

이런 상황을 사람들이 명확하게 보지 못하는 이유가 궁금해지는 시점이다. 위험이 코앞까지 다가왔는데도 못하는 이유는 무엇일까? 바로 사고 과정 때문이다. 사고 과정은 집단적이면서 동시에 개인적이다. 사고, 환상, 집단적 환상 등이 인식으로 들어온다. 신화는 집단적 환상인데 모든 문화에는 저마다의 신화가 존재한다. 그리고 다수의 신화가 흡사 사실인 양 간주되면서 인식으로 침투하고 있다. 이런 일이 일어나는 방식은 사람마다 조금씩 다른데 우리는 실제로 있는 그대로의 사실을 보고 있지 않다. 우리가 사실을 보고 있지 않다는 그것이 사실이다. 진정 고차원적인 '사실'이 있다면 그것은 바로 우리가 있는 그대로의 사실을 직접적으로 보고 있지 않다는 것이다. 이런 상황을 파악하고 인정하는 데서 시작해야 한다.

사고는 우리가 경험한 것의 표상representation(表象)을 보여주는 능력이 있다. 사고의 이런 속성에 주의를 기울이고 깊이 생각한다면 개념과 이미지가 그렇게 강력한 영향력을 갖는 이유를 보다 깊이 통찰할 수 있으리라 생각한다. 영어 단어 'representation'은 이런 맥락에서 참으로 적절한 단어라 할 수 있다. 이것은 글자 그대로 're-present', 즉 다시re 제시한다present는 의미이기 때문이다. 이런 맥락에서 일차적인 인식이 뭔가를 제시하고present, 사고는 그것을 추상적인 형태로 다시 제시한다re-present고 말할 수도 있겠다.(원문에서 present와 명사형 presentation은 감각과 경험을 통해서 직접 인식한 내용을 있는 그대로 보여주는 것을, represent와 명사형 representation은 직접 인식한 내용을 사고를 거쳐 추상화한 다음 다시 보여주는 것을 가리킨다. 각각 '제시하다'와 '제시', '표현하다'와 '표상'으로 번역했으므로 해당 단어가 나올 경우 이런 전체 맥락 안에서 이해하길 바란다-옮긴이)

지도는 일종의 표상이다. 지도의 경우는 실제 영토보다 훨씬 작게 나타나기 때문에 표상과 현실의 차이가 확실히 눈에 들어온다. 이런 식의 추상화는 매우 유용하다. 우리의 목적에 비추어 중요한 부분에 초점을 맞추고 불필요한 부분을 생략하기 때문이다. 말하자면 추상화는 우리에게 유용한 방향으로 적절하게 구조화되고 조직화되는 것이다. 따라서 표상은 단순한 하나의 개념이 아니라 여러 개념이 뭉쳐 있는 것이다.

다른 예로는 강연을 들 수 있다. 청중의 마음속에는 어떤 의미든 표상이 형성된다. 무언가를 설명하는 타인의 말에 귀를 기울이고 있으면 우리 마음속에 실제 자신이 인식한 것처럼 표상이 만들어진다. 당연히 표상은 실물 자체와 같지 않을 것이다. 실물에 비해 상당히 추상화된 형태일 가능성이 높다. 표상은 실제 인식되는 모습 중에서 흥미로운 특정 부분을 강조하는 형태가 된다. 이런 식으로 우리는 끊임없이 표상을 만들어낸다.

하지만 주목할 사항은 이런 표상이 생각이나 상상 속에만 존재하지 않고 실제 인식 또는 경험과 융합된다는 사실이다.

말하자면 표상은 단순하게 보여주기만 하는 '제시presentation'와 융합된다. 따라서 '제시된' 것이 많은 부분에서는 이미 '다시 제시된' 표상이라는 것이다. 따라서 우리가 가감 없이 '제시된' 내용이라고 생각하는 것이 알고 보면 감각, 사고, 어쩌면 약간의 통찰 등이 결합된 산물일 수 있다. 이런 모든 것이 있는 그대로의 '제시'에 통합된다. 그렇기 때문에 우리가 뭔가를 경험하는 방식은 그것을 어떻게 '표현하느냐represent'에 혹은 틀리게 제시하느냐에 달려 있다.

만약 스스로에게 자신이 고결하고, 유능하고, 정직하다고 표현한다면 이런 표상이 자신의 인식 안으로 들어온다. 그러면 스스로를 그렇게 인식한다. 그런데 누군가가 당신이 부정직하고 어리석은 사람이라는 다른 표상을 내놓는다면 이것 역시 안으로 들어가서 자신의 인식에 영향을 미친다. 모순되는 표상을 인식으로 받아들임으로써 당신의 신경생리 계통 전체가 심각하게 교란된다. 사고는 상황을 보다 나은 방향으로 표현해야 한다는 압력을 받아 거기서 자기기만이 시작된다.

우리는 표상과 제시가 이런 식으로 연결되고 뒤섞이고 있다는 사실을 알지 못한다. 이런 연결과 혼합은 쌍방향으로 진행된다. 사고는 이런 상황을 인식할 능력이 없는 것처럼 보인다. 이는 무의식적이고, 내재적이며, 암묵적인 과정이다. 그렇기 때문에 어떻게 그런 일이 일어나는가를 정확히 아는 것은 불가능하다. 하지만 사고가 표상과 제시를 뒤섞는 가운데서 뭔가가 발생한다는 사실은 알 수 있다. 감각을 통해 들어와서 뇌에서 정리되는 정보를 상상해보자. 그때 사고로부터 다른 정보의 흐름이 들어오고 두 가지 정보가 뒤섞인다. 우리가 순수한 '제시'라고 생각하는 것이 사실은 두 가지가 혼합된 결과물이다.

문제는 우리가 이런 일이 일어나고 있다는 사실을 의식하지 못한다는 것이다. 인류가 이를 의식하는 경우가 있었다고 해도 전체적으로 보면 아주 드문 일이었다. 아마 소수는 이를 의식했을 것이다. 인류는 이를 의식하지 못한 채로 살아왔고 살아가고 있다. 지금 우리는 이런 과정이 나쁘거나 좋다고 말하는 것이 아니다. 여기서 문제는 이런 일이 일어난다는 사실이 아니라 우리가 그것을 의식하지 못한다는 사실이다.

인간은 표상과 제시 사이에 연결 없이는 어떤 행동도 하지 못한다. 뭔가에 행동을 취하려면 상상이나 사고 속에서 그것을 표현하는 것으로는 부족하다. 우리 지각 속에 존재하는 것을 실제로 느껴봐야 한다. 숲을 예로 들어보자. 숲은 목재를 얻는 출처로 표현될 수 있다. 벌목하는 사람에게는 그렇게 제시될 것이다. 화가에게 숲은 화폭에 담을 가치가 있는 무엇으로 표현된다. 산책을 즐기는 사람에게 숲은 오솔길을 따라 걸으며 즐거움을 만끽할 그런 공간으로 표현된다. 이처럼 숲의 표상은 수도 없이 많으며, 각각의 표상은 다른 방식으로 숲을 제시하고 있다.

보통 흥미롭게 표현되지 않는 것은 사람의 관심을 끌지 못한다. 가치 있고 흥미로운 것으로 표현되지 않으면 그렇게 제시되지 못하기 때문에 관심을 끌지 못하는 것이다. 그러므로 경우에 따라서는 자신의 이해관계에 따라 사물을 표현할 필요가 있다. '저것을 하려면 이것을 특정 방식으로 표현할 필요가 있어.'와 같은 생각을 할 수도 있다. 그렇게 표현하는 동안에는 관심과 주의를 집중할 수 있기 때문이다. 이런 행동에는 전혀 잘못된 것이 없다. 사실 반드시 필요한 행동이다. 그렇게 제시되지 않으면 마땅한 행동을 취할 수 없다. 상상 속에서 추상화된 표상만 가지고는 행동에 돌입하지 못한다. 행동은 항상 구체적인 제시에서 비롯되어야 한다.

문제는 우리가 이런 과정을 의식하지 못한다는 것이다. 누군가가 '이런 사람은 나쁘다.'고 말했는데 당신이 그것을 받아들인다면 그런 사고로 인한 표상이 직접적인 인식에 기초한 제시 안으로 침투한다. 일단 이를 받아들이면 그것이 당신의 내재적인 사고, 즉 암묵적인 사고 안으로 들어온다. 다음번에 당신이 그런 부류의 사람을 만나면 입력된 정보가 제시로 떠오르고, '나쁜 속성'이 그 사람 안에 내재된 것으로 인식된다. 그런 경우 당신은 절대로 다음과 같이 말하지 않는다. "누군가 나에게 이런 사람은 나쁘다고 말했던 것을 알아. 하지만 그들은 나쁜 사람일 수도, 좋은 사람일 수도 있지. 자세히 알아봐야겠어." 이렇게 말한다면 상당히 신중하고 유보적인 태도를 보이는 것이지만 오히려 당신은 그들의 '됨됨이' 자체가 '그렇다'는 식으로 결론을 내리기 십상이다. 그때부터 당신은 그런 사실이 전적으로 독립적인 사실인 양 생각한다. 사고와는 전혀 무관한 것처럼 말이다.

이윽고 사고는 존재를 드러내며 실제로 사실이 아닌 '사실들'을 만들어낸다. '사실fact'이라는 단어의 라틴어 어원은 '제조하다manufacture'라는 단어에서 알 수 있듯이 '만들어진 것'이라는 의미다. 그런 의미에서 보면 사고가 사실을 만들어내는 것이 잘못은 아니다. 하지만 문제는 사고를 통해 만들어진 사실이 잘못 만들어졌다는 데 있다. 말하자면 이는 적절하게 제조되지 않은 사실이다. 원인은 사고를 사실에 섞어 넣으면서 자신이 그렇게 하고 있다는 사실을 인식하지 못하기 때문이다. 사실에 사고를 집어넣는 것은 필요하다. 거기까지는 문제가 없다. 문제는 그런 일이 일어나고 있다는 사실을 우리가 인지하지 못한다는 데 있다. 만약 그것이 '순수한' 사실이며 '저기에' 사실이 있다고 말하면 우리는 거기에 엄청난 가치를 부여한다. 그리고 거기에 맞춰서 결론을 내린다. "이렇게 확실한 사실을 어떻게 부정하겠어? 그들이 어떤 사람인지는 보면 안다고."

대부분의 표상이 집단적으로 생기기 때문에 엄청난 힘을 갖는다는 사실을 아는 것도 무척 중요하다. 모든 사람이 어떤 것에 동의하면 우리는 모두가 동의한다는 사실이 그것이 옳다거나 옳을 가능성이 크다는 증거로 받아들인다. 그런 다음에는 그것이 우리를 구속하는 압력으로 작용한다. 절대 다수 의견에 반기를 드는 것은 누구에게나 부담스러운 일이기 때문이다. 이는 우리가 특정 표상을 받아들이고 그렇게 생각해야 한다는 압력을 지속적으로 받고 있다는 의미다. 예를 들면 '자아self'라는 것이 특정 방식으로 표현되어 그대로 우리에게 제시된다. 이런 표상은 본질적으로 집단적이다. 자아의 일반적인 특징이 집단적으로 결정되고, 구체적인 특징은 개인적으로 결정된다는 의미에서 그렇다. 그리고 세계적인 합의는 인간이 자아를 갖고 있다는 것이다. 이유는 모든 증거가 그렇다고 말하고 있기 때문이다. 이런 합의는 출생 증명서에서부터 드러난다. 사람은 누구나 이름이 있고 신원이 정해진다. 별도로 신분증을 두고 있는 나라도 많다. 거기에 따라서 은행 계좌가 만들어지고 부동산과 동산 소유도 그런 원칙에 따른다. 이런 모든 것이 당신이 어떤 사람인가를 표현하고 있는데 이것이 당신이라는 사람을 제시하고 있다.

모든 사람이 똑같은 무지개를 보고 있는 상황을 상상해보자. 무지개의 집단 표상collective representation이 존재하고 모두가 거기에 동의한다. 하지만 사물을 '있는 그대로' 관찰하는 물리학은 달리 말한다. "아니다. 무지개는 없다. 공중에 많은 물방울이 있고, 당신 뒤쪽에서 비치는 태양이 공중의 물방울에 반사되고 굴절되면서 여러 빛깔이 만들어진다. 이것을 보면서 사람들은 무지개에 대한 각자의 인식을 형성한다. 우연찮게 각자가 만든 인식이 매우 유사하게 느껴져 사람들은 모두가 동일한 무지개를 보고 있다고 생각한다." 중요한 것은 나라, 종교, 제너럴모터스, 자아 등 많은 집단 표상이 무지개와 동일한 속성을 갖고 있다는 점이다. 우리가 엄연한 현실이라고 받아들이는 수많은 것이 무지개처럼 실체가 없다. 그렇게 받아들이는 것이 잘못은 아니다. 문제는 우리가 집단 표상이 만들어지는 과정을 전혀 모르는 상태에서 결과물인 표상을 독립된 사실로 인정하고 그에 걸맞은 가치를 둔다는 점이다. 만약 우리가 표상이 만들어지는 과정을 정확하게 보고 안다면 아무런 문제가 없을 것이다. 무엇이 되었든 '사실' 자체에 그에 걸맞은 가치를 부여할 테니까. 하지만 표상과 사실을 구별하지 못하는 지금의 사고방식으로는 거의 가치가 없는 '사실'에 높은 가치를 두고 매달릴 가능성이 높다.

지금까지 우리는 이런 개념을 몇 가지 간단한 사례로 살펴보았다. 사례의 대부분은 우리 외부의 것이었다. 하지만 더욱 깊이 들어가서 단순한 느낌 이상으로 이해하면 이런 개념이 우리 안에서 그리고 사람들 사이에서, 말하자면 커뮤니케이션과 대화에서 작용하는 모습을 보게 된다. 표상과 관련된 문제가 커뮤니케이션에서 아주 중요하다는 사실을 알 수 있다. 특정 집단에서 사람들이 모임을 가지는 상황을 가정해보자. 처음에 사람들은 타인과 자신에게 일정한 표상을 갖고 있었다. 집단이 의사소통을 함에 따라 이런 표상이 흔들리고 바뀔 수도 있다. 그렇게 되면 제시가 바뀌고 전체적인 관계도 바뀐다. 사람과 사람 사이의 관계는 우리가 자신에게 타인을 어떻게 제시하며, 타인에게 자신을 어떻게 제시하느냐에 따라 달라진다. 그리고 이런 모든 것이 일반적인 집단 표상에 영향을 받는다.

모든 것이 순조로울 때는 잘못을 찾아낼 방법이 없다. 우리가 현상은 사고와 무관하다는 가정을 갖고 있다는 것이 문제라는 사실을 알 길이 없다. 사물이 표현되고 그런 방식으로 제시되는 상황에서도 우리는 어떤 일이 일어나고 있는지 알 수가 없다. 제시된 사물은 이미 있는 그대로의 사물이 아니라 사고 과정을 거쳐서 무언가가 제외된 결과물이라는 사실을 알 길이 없다. 해당 표상 밖에 무엇이 있는지 주의를 기울이는 것은 거의 불가능하다. 그렇게 하지 말라는 엄청난 압력이 있기 때문에 아주 어려운 일이다. 우리가 거기에 주의를 기울이게 되는 유일한 시점은 바로 문제를 발견했을 경우다. 예기치 못한 일이 생기고, 갈등이 생기고, 상황이 제대로 돌아가지 않을 때다.

하지만 우리는 이런 과정을 '문제'로 간주하기를 원치 않는다. 문제를 해결할 방법을 모르기 때문이다. 이런 과정에서는 해결책을 제시할 수가 없다. 우리가 가진 표상들 중에 하나는 우리가 하는 모든 일이 시기적절하다는 것이다. 보통 우리는 먼저 목표를 제시하고 달성할 수단을 찾는다. 세상 모든 것이 그런 식으로 제시된다. 말하자면 그런 방법으로 대처 가능한 형태로 말이다. 상황이 제대로 굴러가지 않는다는 사실을 인지하면 우리는 이것을 문제 혹은 난관으로 간주한다. 그리고 어디가 잘못되었는지 알아보기 시작한다. 아직 상황을 바꿀 능력은 없지만 어디가 문제인지 일종의 느낌 같은 것을 갖는다. 즉 우리가 사실이라고 받아들인 많은 것이 알고 보면 사실이 아니고 그것이 바로 문제임을 말이다.

이는 세상을 보는 다른 방식이 있다는 의미다. 기존의 세계관이 바뀔 수 있다는 의미이기도 하다. 지금 우리는 사회와 문화에 널리 퍼진 집단 표상에 맞춰 세상을 본다. 따라서 이런 표상을 버릴 수 있어야 변화가 가능하다. 이전 표상을 버리면 세상이 다르게 제시될 것이다. 만약 당신이 나에게 위험한 사람으로 제시된다면 나는 당신을 보면 위축되고 뒤로 물러선다. 알고 있는 정보가 부정적이므로 그럴 수밖에 없다. 하지만 내가 만약 당신을 다르게 표현한다면 당신을 대하는 전반적인 태도가 달라진다. 또한 우리는 잘못된 표상을 주의해야 한다. 우리는 이런 말을 할 수 있다. "우리가 서로를 사랑하고 있으므로 모든 문제가 해결될 것이다." 그러면 상황이 그런 것처럼 제시되고 우리는 만족감을 느낀다. 하지만 이는 잘못된 표상에 토대를 두고 있다. 제시 안에 존재하는 어떠한 진정한 변화, 그것이 아무리 확실한 변화라 하더라도 본질이 변화한 것이라는 사실은 바뀌지 않는다.

우리 사회에서 통용되는 표상 하나를 살펴보자. "자기를 돌보는 것이 최우선이다. 주위 사람은 위험하니 항상 경계하라. 남을 믿어서는 안 된다." 이런 주장은 어떤가? 이런 표상은 외면적으로도 우리 내면에서도 특정 반응을 야기한다. 거기에 맞춰 신체에서 전반적인 신경화학 반응이 나타나고 몸의 긴장감도 높아진다. 지금 세상이 위험하다는 것은 사실이지만 세상을 제대로 보고 있는 것은 아니다. 세상이 위험한 이유는 사람들이 근본적으로 위험하기 때문이 아니라 널리 퍼진 잘못된 표상 때문이다. 말하자면 위험하다는 사실과 함께 이유를 제대로 알아야 한다. 그러므로 우리는 근본적으로 위험한 인간이라는 방식으로 접근하지 말고 잘못된 표상의 희생자인 인간이라는 방식으로 접근해야 한다.

표상을 바꾸면 보다 심층적인 변화가 가능하다. 표상을 바꾸는 것이 쉬운 일인지는 쉽게 말할 수 없다. 하지만 표상의 변화가 새로운 길을 열어주고 더욱 넓은 시야를 갖게 해준다는 것은 분명하다. 사고가 표상에서 제시를 만들어낸다는 사실을 깨닫는다면 우리는 더 이상 사고에 속지 않을 것이다. 이는 마술사의 속임수를 알아보는 것과 마찬가지다. 마술사의 속임수를 알지 못하면 그의 손놀림이 신기한 마법처럼 보인다. 하지만 속임수를 제대로 파악하면 모든 것이 바뀐다.

세계는 다양한 형태로 존재할 수 있는데 어떤 형태인가는 표상에 따라 좌우된다. 특히 집단 표상에 따라서 달라진다. '세계'를 만드는 일은 혼자 할 수 있는 일이 아니다. 그렇기 때문에 집단 표상이 더없이 중요하다. 개인의 표상을 바꾸는 것으로는 충분하지 않다. 개인의 표상을 바로잡는 일은 물론 좋은 일이다. 하지만 사회의 진정한 변화는 집단 표상이 바뀔 때 일어난다.

4.

문제와 역설

The Problem and the Paradox

우리는 인류가 직면한 다양한 범주의 문제를 살펴보고 있다. 이런 문제는 무한대로 확산되고 있는데 결국에는 세계적인 무질서로 치닫게 될 것이다. 이런 총체적인 상황을 생각하면 아무래도 가망이 없다는 느낌을 받을 수도 있다. 인간의 지적 능력과 공동 노력으로도 해결이 불가능한 난관에 직면했다는 절망감 같은 것을 느낄 수도 있다.

이처럼 엄청난 갈등과 혼란을 유심히 관찰하다 보면 매우 흥미로운 사실을 발견한다. 지금 우리가 직면한 것은 일련의 문제들이라는 데에 누구도 이의가 없어 보인다는 사실이다. 이런 생각에 의문을 품는 사람은 좀체 보기 힘들다. 하지만 과연 그럴까? '문제'라는 단어가 지금 세상에서 벌어지는 온갖 갈등과 혼란을 표현하는 데 적절한 것일까? '문제'라는 단어의 의미를 살펴보면 거기에 의문을 품을 충분한 근거가 있음을 알 수 있다. 나아가 현재의 난관을 '문제'로 규정하고 대처하는 것이 오히려 상황을 어렵게 만든다는 사실도 눈에 들어온다. 이런 사고는 어려움을 해결하기는커녕 상황 타개를 저해하는 중대한 걸림돌이 되고 있다.

문제라는 영어 단어 'problem'의 어원은 그리스어로 '앞으로 내놓다'라는 의미다. 실제로도 이것이 단어의 핵심 의미다. 어떤 어려움 또는 부적절한 상황을 해결할 목적으로 제안된 아이디어를 토론이나 논의 대상으로 내놓는다는 것이다. 특정 목적지에 가기로 했는데 누군가 기차를 타고 가자는 아이디어를 내놓은 경우를 생각해보자. 제시간에 표를 사고 기차를 타려면 '어떻게 해야 하는가' 하는 '문제'가 생기고 이것이 토의 안건이 될 수 있다. 마찬가지로 범선이 너무 느리고 안전성이 떨어지는 이동 수단이라는 인식이 퍼지자 사람들은 증기로 배를 모는 아이디어를 내놓았고, 이런 아이디어를 기술적이고 실질적으로 어떻게 구체화시키고 실행하느냐는 '문제'가 생겼다. 일반적으로 기술 분야나 실용 분야에서 우리의 활동 대부분이 다양한 문제 해결 작업에 집중되어 있다고 할 수 있다.

하지만 문제 형태로 아이디어를 내놓는 경우에는 암묵적이고 내재적인 일정한 전제가 깔려 있다. 이런 전제들 중에는 당연히 제기된 질문이 합리적이며 모순되지 않는다는 가정도 있다. 하지만 현실은 반드시 그렇지 않다. 때로 우리는 인지하지 못하는 사이에 잘못되거나 자기모순적인 전제를 깔고 있는 불합리한 문제를 받아들인다. 하지만 실질적이고 기술적인 영역에서는 조만간 그것이 불합리하다는 사실을 간파할 수가 있다. 불합리함을 깨달은 다음에는 '문제'를 무의미한 것으로 치부하고 기각하게 된다. 오랫동안 사람들은 멈추지 않고 영원히 움직이는 기계를 발명하려는 노력을 했다. 하지만 과학이 발전하면서 이는 물리학의 기본 법칙에 모순된다는 사실이 분명해졌고 자연히 그런 탐구는 중단되었다.

실용 및 기술 영역에서는 이런 것이 분명하게 드러난다. 하지만 심리적인 문제, 인간관계의 문제 등을 고민하는 경우는 어떨까? 그런 종류의 문제를 공식화하여 내놓는다는 것이 이치에 맞는 것인가? 아니면 이런 영역에서는 토론에 부쳐진 문제의 배경이 거짓이고 자기 모순적이고 불합리한, 말하자면 이치에 맞지 않는 그런 것인가?

어느 날 문득 자신이 아첨에 약하다는 사실을 깨달은 남자를 생각해보자. 자연스럽게 그는 면역력을 길러서 아첨에 넘어가지 않아야 한다는 아이디어를 제기한다. 그렇게 되면 그는 자기가 멋지다고 칭찬하는 사람에게 '넘어가는' 성향을 극복해야 하는 '문제'를 안게 된다. 하지만 조금만 생각하면 이런 '문제'가 불합리한 전제에 토대를 두고 있다는 사실을 알 수 있다. 아첨에 약하다는 것은 남한테서 좋은 소리를 듣고 싶은 욕망이 강하다는 의미다. 그런 욕망은 보통 심각한 무력감에서 비롯되는 경우가 많다. 무력감은 워낙 고통스러운 것이라 그것의 존재 의식을 자기도 모르게 억누르게 되는 경우가 대부분이다. 무력감이 의식의 수면으로 떠오르지 못하게 하는 것이다. 그러다가 비난이나 비판, 혹은 지적을 당하는 경우에 순간적으로 그런 감정을 떠올린다. 당연히 매우 불쾌한 감정이다. 그런 사람 앞에 누군가가 나타나서 그가 착하고, 유능하고, 똑똑하고, 멋지다는 칭찬을 늘어놓는다고 치자. 그런 말을 듣자마자 고통을 억누르느라 무감각해진 상태가 사라지고 기쁨과 행복이라는 기분 좋은 감정이 이를 대신한다. 그와 함께 자기가 들은 말이 사실이라고 믿는 성향도 생겨난다. 믿지 않으면 감정을 억누르던 상태에서 벗어나는 해방감을 만끽할 수 없기 때문이다. 그것이 진실이 아니라는 사실을 깨닫는 '위험'에서 스스로를 '지키기' 위해서 말이다. 다른 사람에게서 들은 말은 무엇이든 믿으려 한다. 결국 그는 내면의 고통에 노출되는 위험에서 벗어나는 대신 무수히 많은 외부의 위험에 스스로를 노출한다. 감언이설에 속고 남에게 이용당할 위험에 말이다.

사실 아첨에서 문제가 되는 것은 그것이 미묘한 형태의 자기기만을 수반한다는 점이다. 그런 사람이 스스로를 속이는 상황을 어떻게 그만둘 것인가 하는 '문제'를 제기한다면 그런 행동의 불합리함은 자명해질 것이다. 그가 자기기만 성향을 극복하려고 노력한다 해도 노력 자체가 그런 성향의 발단인 고통에서 벗어나 기분 좋은 해방감을 맛보려는 욕망에 영향을 받을 것이 분명하기 때문이다. 따라서 그는 자기기만의 극복 여부와 관련해서도 자신을 속이게 될 것이 확실하다.

심리적으로 뭔가 잘못되고 있는 경우에 결과로 나타나는 현상을 문제로 규정하면 잘못이 시정되기는커녕 상황이 더욱 혼란스러워진다. 이런 경우에는 문제가 있다기보다 오히려 역설에 직면했다고 말하는 쪽이 맞다. 아첨에 약한 남자의 사례에서 역설은 그가 자신에게 정직해야 한다는 사실을 분명하게 알고 이해하고 있지만, 한편으로 자신을 속이고 싶은 더욱 강한 '욕구'를 느낀다는 것이다. 그것이 견디기 힘든 무력감에서 그를 해방시키고, 내적으로 편안하고 행복하다고 느끼게 해주기 때문이다. 이런 경우에 필요한 것은 '문제를 해결할' 구체적인 행동이 아니다. 오히려 잠시 행동을 멈추고 사실에 주의를 기울이는 노력이 필요하다. 그렇게 성찰하는 시간을 가지면 자신의 생각과 느낌이 자기모순적인 욕구나 '필요'에 의해 하나부터 열까지 지배당하고 있으며, 그런 생각과 느낌이 팽배한 상황에서는 잘못을 바로잡을 수 없다는 사실을 깨닫는다. 이런 자각을 '유지하는' 데는 진지한 태도와 더불어 엄청난 에너지가 필요하다. 다른 것에 관심을 쏟으면서 현실에서 도망치거나 자각을 회피하는 쪽이 훨씬 쉽다. 하지만 진지한 태도를 갖고 본인의 에너지를 쏟아 사실에 주의를 기울이면 역설의 근원이 무엇인지 자각할 수 있다. 여기서 말하는 주의를 기울인다는 것은 단순히 말이나 머리만으로 하는 생각을 훨씬 넘어서는 것이다. 역설의 근원을 자각하면 그것이 얼마나 무가치하고 불합리한가가 그야말로 선명하게 보이고, 느껴지고, 이해되기 때문에 결국 역설은 사라진다.

하지만 다음 사항을 강조하지 않을 수 없다. 역설이 문제로 취급되는 한은 결코 해소될 수가 없다는 사실이다. '문제'로 취급되는 역설은 점증하는 혼란 속에서 덩달아 커지고 확산될 뿐이다. 일단 마음이 문제를 받아들이면 뇌가 해결책을 찾을 때까지 계속해서 움직이는 것이 사고의 본질적인 특성이기 때문이다. 실제로 이성적인 사고를 하려면 이런 특성은 반드시 필요하다. 어떤 사람이 진짜 문제, 예를 들어 식량을 구해야 하는 상황에 직면했는데 문제가 해결되기도 전에 손을 뗀다면 결과는 참담할 것이다. 진짜 문제 앞에서 그런 태도를 보인다면 무분별하고 무책임하거나 진지함이 결여되었다는 비난을 피하기 어렵다. 이와 달리 마음이 역설을 진짜 문제인 양 취급한다면 우리는 영원히 역설에서 빠져나오지 못하고 붙잡혀 있게 된다. 문제는 해결책이 있지만 역설은 '해결책'이 없기 때문이다. 매번 내놓는 해결책이 적절치 않은 것으로 판명되고 더욱 혼란스러운 새로운 질문만 생겨날 뿐이다. 가령 유년에 뿌리를 두고 있는 역설은 평생 지속될 수도 있다. 사소한 부분이 지속적으로 변하면서 점점 복잡해지지만 본질적으로는 같은 형태를 유지하면서 말이다. 그런 역설을 안고 있는 사람이 본인의 심리적인 혼란을 자각하지만 이를 역설이 아닌 문제로 규정하면 어떻게 될까? 문제로 규정한 사실 때문에 역설을 둘러싼 활동이 더욱 강렬해지고 오히려 혼란이 가중된다. 따라서 문제와 역설의 차이를 알고 적합한 방식으로 대응하는 것이 매우 중요하다.

역설과 문제를 구별하는 것이 개인의 심리와 관련된 사항에서만 중요한 것은 아니다. 양자의 구별은 인간관계는 물론 궁극적으로 올바른 사회 질서를 구축하는 데도 무척 중요하다. 인간관계의 단절을 문제라고 말하는 것도 잘못된 접근법이다. 부모와 자식 관계를 살펴보자. 부모와 자식 사이에 자유롭고 편안한 커뮤니케이션이 쉽지 않은 세상이라고 다들 한탄한다. 여기서 나타나는 관계의 역설은 이렇다. 양쪽 모두 같은 인간이며 의존 관계에 있으므로 서로 마음을 열고 의사소통해야 한다는 사실을 잘 알고 있는 것처럼 보인다. 하지만 한편으로 그들은 상대가 자신의 특정 '욕구'를 무시하거나 거부하고 있다고 느낀다. 그런 생각으로 그들은 '상처를 받고' 방어기제를 작동하여 상대의 말에 진정으로 귀를 기울이지 않는다. 열린 커뮤니케이션의 필요성을 잘 알지만 한편으로 마음을 닫고 소통을 거부하는 이런 상황이 바로 역설이다.

유사한 역설이 사회 전체, 다른 연령층, 인종, 사회 계층, 국가 등 광범위하게 작용하며 영향을 준다. 현대 사회에 팽배한 국가주의를 생각해보자. 어느 나라 국민이든 커뮤니케이션에서 인간으로서 공통된 감정을 존중하고 정직해야 한다는 사실을 이해하고 있는 것처럼 보인다. 하지만 국가가 위기에 처하면 공포심과 공격성이 하늘 높은 줄 모르고 치솟는다. 어느 쪽이든 여차하면 적을 인간으로 보지 않고 수단과 방법을 가리지 않고 공격할 태세다. 폭탄을 사용해서 상대국의 어린이까지 죽일 기세다. 개인적으로는 모두가 무고한 어린이를 죽인다는 발상을 끔찍하게 생각한다. 하지만 일국의 국민으로서 그들은 국가의 위기 앞에서 전혀 다른 모습을 보인다. 자국의 검열을 받아들이는 국민도 많다. 검열을 받아들인다는 의미는 옳고 그름의 판단을 국가에 맡기고 집단적으로 동의한다는 의미를 내포한다. 자국의 생존을 위해서는 그런 자기기만적인 행동이 필요하다고 믿기 때문이다. 이처럼 국가주의의 기저에는 엄청난 역설이 자리한다. 그러므로 국가주의를 문제로 규정하고 다루는 것은 의미가 없다. 아이들을 끔찍이 사랑하는 사람이 어떻게 타국 아이들을 몰살하는 계획에 동의하는지 질문을 던져보면 국가주의를 문제로 보는 행동이 얼마나 터무니없고 불합리한지가 자명해진다. 그런 질문에는 답이 나오지 않는다. 답을 찾으려고 해봐야 혼란만 가중될 뿐이다. 이런 상황에서는 각자의 생각과 느낌을 지배하는 역설적인 방식에 진지하고도 지속적인 주의를 기울이는 태도가 필요하다.

이런 역설적인 방식은 사회와 인간관계를 넘어서서 인류 전체의 사고와 언어 안에 존재한다. 인간의 모든 행동은 사고방식과 의사소통 방식으로 형태를 갖추고 만들어지기 때문에 역설에 토대를 두고 있는 이런 방식이 삶의 모든 측면에 혼란을 가져올 가능성이 있다.

결국 사회 전체에 팽배한 이런 방식은 '뿌리'가 되는 특정 역설에서 자라났다고 볼 수 있다. 근원이 되는 역설이 무엇인가를 밝히려면 먼저 일반적으로 외부의 대상이나 상황이 사고의 내용이 된다는 사실을 생각해봐야 한다. 구체적인 예를 들자면 의자, 집, 나무, 폭풍우, 궤도를 따라 공전하는 지구 등이 있다. 이 사물들은 우리 마음속에서 작용하는 사고 과정과는 본질적으로 무관하게 존재한다는 공통점이 있다. 동시에 사고 과정도 사물의 내용과는 본질적으로 무관하다. 즉 사고는 자유롭게 내용을 선택하거나 버린다. 그리고 관찰에 의해 필요하다고 생각되는 다른 내용을 다루기도 한다.

사고의 움직임이 대상의 내용에서 상대적으로 독립적인 이런 상황은 실용이나 기술 분야 주제를 다룰 경우 타당하다. 하지만 우리가 자신에 대해, 특히 자신의 사고와 감정에 대해 생각하는 경우에도 타당할까? 이 경우를 세심하게 관찰하면 이런 접근법이 곧 역설적인 방식으로 이어진다는 사실을 알 수 있다. 우리는 자신이 생각하고 느끼는 것을, 그것들을 생각하고 있는 자신의 사고와 분리된 독자적인 어떤 것으로 취급한다. 하지만 실제로 그런 분리와 독립성은 존재하지 않으며 존재할 수도 없다. 이것이 바로 역설이다.

앞에서 살펴본 아침에 약한 남자의 예를 다시 들어보자. 그는 자기가 무능하다고 느꼈던 고통스러운 기억을 억누르기 위해 그런 성격이 되었다. 과거의 고통스러운 기억 자체가 그의 생각의 일부이며, 반대로 이어지는 그의 모든 생각이 해당 기억에 영향을 받는다. 기억 속의 고통을 잠시나마 덜어주겠다 싶으면 거짓을 진실로 받아들일 정도로 영향을 받고 있다. 따라서 생각하는 과정은 내용과 별개가 아니고 무관하지도 않다. 그러므로 그런 사람이 자기기만 성향을 통제하거나 극복하는 문제를 제기하는 경우 그는 '근원적인 역설'에 빠진다. 다시 말하자면 그의 사고 활동이 통제 대상으로 생각되는 것에 통제를 받는다는 역설이다.

오래전부터 인간은 생각과 감정이 탐욕, 폭력, 자기기만, 공포, 공격성을 비롯하여 타락과 혼란을 조장하는 여러 행동에 영향을 받는다는 사실을 알고 있었다. 그런 인식은 일부에 국한된 것이 아니라 오랜 세월 인간 사회에 널리 퍼져 있었다. 하지만 대개는 이를 하나의 문제로 간주하면서 인간 본성에 내재된 혼란과 무질서를 극복하고 통제하려는 노력을 계속해왔다. 모두가 일찍부터 깨달은 사항이니만큼 극복하고 통제하려는 노력도 다양하게 이루어졌다.

예를 들면 모든 사회는 징벌 체계를 마련했다. 사람들에게 공포심을 주어 옳은 행동을 하게끔 유도하기 위해서다. 모든 사회는 동시에 일련의 보상 체계를 만들었다. 방법은 반대지만 사람들이 옳은 행동을 하도록 유인하려는 목적은 동일하다. 징벌과 보상으로는 불충분하다는 사실이 밝혀지자 인류는 각종 종교 교리와 도덕, 윤리 체계를 세웠다. 사람들이 자진해서 스스로의 '잘못된' 혹은 '사악한' 사고와 감정을 통제할 수 있기를 희망하면서 말이다. 하지만 이것 역시 진정한 의미에서 바라던 결과를 만들어내지는 못하고 있다. 사실 인간 본성 안의 무질서가 역설의 결과이기 때문에 이를 문제로 생각하고 대처하는 식으로는 종식시킬 수가 없다. 어떤 방법을 동원해도 마찬가지다. 그런 시도는 오히려 혼란을 가중시키고 결국에는 사회에 도움은커녕 해악을 끼친다.

현재 인류는 자신의 생각과 감정 안에 내재된 무질서를 별개의 문제인 양 다루는 바람에 야기된 어려움이 가히 폭발적인 비율로 증가하는 그런 상황에 직면해 있다. 그러므로 우리는 외부 상황뿐만 아니라 우리 내부의 무감각과 몰지각에도 주의를 기울여야 한다. 외부로 드러나는 혼란의 심층 원인은 내부의 생각과 감정의 역설인데 무감각과 몰지각 때문에 이런 역설을 보지 못하기 때문이다. 우리가 '가장 깊은 곳에 있는 자아'와 동일시하는 경향이 있는 감정과 생각이 사실은 철저한 역설을 기반으로 한다는 사실을 알아야 한다. 그런 역설에 붙들린 정신은 필연적으로 자기기만에 빠진다. 역설을 보지 못하고 자기모순적인 행동을 계속하려는 시도는 고통을 야기할 수밖에 없다. 정신은 이런 고통을 억누르기 위해서 환상이 필요하고, 고통을 덜어주는 것처럼 보이는 환상을 만들어 거기에 안주하기 위해 스스로를 속인다. 그런 상태의 정신은 개인적이든, 사회적이든 인간관계 자체를 제대로 볼 수가 없다. 이런 식으로 '자신의 문제'와 '사회의 문제'를 해결하려는 시도는 현재의 혼란을 종식시키기보다 오히려 확산하고 증폭시키는 결과를 낳고 있다.

그렇다고 법률을 위시하여 개인 생활과 사회에 질서를 부여하기 위해 마련된 모든 것을 폐지하고 마음속의 무질서에만 집중해야 한다는 뜻은 아니다. 오히려 내적, 외적 작업이 병행되어야 한다. 그렇더라도 명심해야 할 것이 있다. 수백 년에 걸친 습관과 조건 형성 때문에 ‘기본적으로 우리는 항상 옳으며’, 우리가 직면한 어려움은 대체로 외부 원인에서 비롯되었다는 생각이 지배적이다. 또한 이런 어려움을 문제로 규정하고 해결책을 찾을 수 있다는 생각도 이미 널리 퍼져 있다. 심지어 우리 내면이 혼란스럽다는 사실을 인지했을 때도 우리는 자신에게서 무엇이 잘못되었는지, 혹은 무엇이 부족한지를 비교적 명확하게 파악할 수 있다고 본다. 그것이 마치 바로잡아야 할 ‘문제’를 규정하고 ‘해결책’을 찾으려 하는 사고 활동과는 전혀 다른 어떤 것, 무관한 것인 양 오랜 세월 그런 식으로 사고가 굳어졌기 때문이다.

하지만 지금까지 살펴본 것처럼 우리가 개인이나 사회의 ‘문제’를 생각하는 사고 과정 자체는 사고가 다루는 내용에 영향을 받고 통제되고 있다. 따라서 사고는 자유롭지 않으며 진정한 의미에서 정직하다고 할 수도 없다. 그렇다면 어떻게 해야 할까? 이런 상황에서 필요한 것은 강렬한 의식이다. 분석 대상에서 끊임없이 영향을 받는 혼란스러운 사고 과정에서 야기되는 오류를 초월한 의식, 혼란의 원인인 모순되는 전제와 감정을 꿰뚫어볼 능력이 있는 그런 의식이 필요하다. 그런 의식이 있으면 일상생활에서, 사회적 관계에서, 궁극적으로는 ‘가장 깊은 곳에 있는 자아’라고 인식되는 우리의 생각과 감정에서 드러나는 많은 역설을 파악할 수 있다.

근본적으로는 분할되지 않는 전체를 염두에 두고 삶을 바라보고 지속하는 태도가 필요하다. 또한 지속적으로 진중하게 인간 정신의 속성에 주의를 기울이는 태도가 필요하다. 오랜 세월 계속된 부주의와 굳어진 타성으로 정신은 여러 가지 역설에 빠져 있고, 그로 인해 야기된 어려움을 외부에서 생긴 '문제'로 오인하는 경향이 있다는 사실을 잊지 말아야 한다.

5.

관찰자와 피관찰자

The Observer and the Ovserved

일반적으로 사람들은 자신이 갖고 있는 가정이 관찰에 영향을 미치고 있다는 사실을 인식하지 못한다. 하지만 가정은 우리가 사물을 보고 경험하는 방식에 관여하기 때문에 우리의 욕망에도 영향을 미친다. 어떤 의미에서 인간은 각자의 가정을 통해서 세상을 본다고 말할 수도 있다. 그런 의미에서 보면 가정이 관찰자observer라고 할 수도 있다. 흔히 '눈으로 정보를 수집하는 것'을 '관찰observation'이라 하고, '귀로 정보를 수집하는 것'을 '청취listening'라고 정의하는데 이를 통해 'observe(관찰하다)'라는 단어의 의미를 알 수 있다. 말하자면 당신이 방 안에 있다면 거기 있는 모든 정보가 수집되어 눈의 동공과 망막을 거쳐 뇌에 전달된다. 정보는 또한 귀를 거쳐 뇌에 전달될 수도 있다. 그러므로 관찰자는 정보를 모으는 사람이다. 부연하자면 적절한 정보를 선택하고 모은 다음 일정한 의미와 형상으로 정리하는 사람이다. 인간의 사고 과정에서 가정이 하는 일이 바로 이것이다. 갖고 있는 가정에 따라서 우리는 특정 정보를 중요하다고 판단하고 수집하며 이를 특정 방식과 구조로 통합한다.

그런 의미에서 가정은 정보를 선택하고 취합하는 일종의 관찰자 역할을 한다. 보통 우리가 관찰하는 도중에는 가정을 망각하고 전혀 고려하지 않는다. 하지만 우리가 의식하지 못해도 가정이라는 '관찰자'는 관찰 대상에 심오한 영향을 미치는 동시에 영향을 받는다. 말하자면 상호 영향을 주고받는다는 점에서는 관찰 대상과 관찰자 사이에 거의 구별이 없다. 만약 감정이 관찰 대상이라면 '관찰하고 있는' 가정은 감정에 깊이 영향을 받으며, 감정 또한 가정에 많은 영향을 받는다. 만약 감정이 관찰자로 상황을 정리할 방법을 판단한다면 이번에는 가정이 피관찰자가 된다. 어느 쪽이든 피관찰자는 관찰자에게서, 관찰자 역시 피관찰자에게서 깊이 영향을 받는다. 이런 경우 관찰자와 피관찰자는 고리처럼 연결된 하나의 과정으로 양자의 구별은 크게 의미가 없다.

방 한쪽에 있는 의자를 관찰한다고 생각해보자. 이 경우는 나의 내면 상황이 의자에 크게 영향을 받지 않는다. 물론 의자도 나에게 크게 영향을 받지 않는다. 따라서 관찰자와 피관찰자가 많이 다르다고 할 수 있다. 하지만 인간의 감정이나 사고를 들여다보는 경우에는 그렇지가 않다. 당신이 사회나 타인을 들여다볼 경우 당신의 가정은 관찰 대상에 영향을 미친다. 상대 또한 관찰하는 당신을 인식하고 감정적인 반응을 보이고, 상대의 감정적인 반응이 다시 당신의 관찰에 영향을 준다.

따라서 특정 단계에서는 관찰자와 피관찰자의 구분이 존재하지 않는다. 크리슈나무르티의 표현을 빌자면 '관찰자가 곧 피관찰자다'. 이런 상황에서 우리가 양자, 즉 관찰자와 피관찰자를 통합하지 못하면, 말하자면 가정과 감정을 통합하지 못하면 전체 그림이 잘못된다. 우리가 스스로의 마음을 들여다보면서 가정은 전혀 고려하지 않는다면 우리가 보는 전체 그림이 올바를 수가 없다. 앞에서 말한 것처럼 가정이 관찰자가 되어 마음을 들여다보고 있기 때문이다. 이는 자기 관찰에서 나타나는 공통적인 문제점이다. '나는 지금 나의 내면을 들여다보고 있다.'고 말하지만 가정은 보이지 않는다. 가정이 보고 있는 관찰자이기 때문이다.

이런 개념을 이해하기 위해서는 관찰자와 피관찰자가 출연하는 TV 프로그램을 생각해볼 수 있다. 프로그램에는 관찰자와 피관찰자가 한 명씩 나온다. 한쪽은 상대를 아주 세심하게 관찰하고 있고, 다른 한쪽은 관찰당하는 것에 다소 거북해하고 있다. 관찰자가 피관찰자를 바라보고 있는 것이 확연히 느껴진다. 바로 이런 상황이 우리 마음속에서 일어난다. 사고가 관찰자와 피관찰자의 이미지를 만들어내는데 사고 자체는 그런 사고와 관찰을 행하고 있는, 생각하는 사람 자신에게서 나온다. 사고는 동시에 관찰을 당하는 피관찰자에게서 나오는 것이기도 하다. 이런 상황은 사람이 평소 자기 몸을 관찰하는 경우와 같다.

앞에서 방에 있는 사물을 관찰한 것처럼 내가 나의 몸을 관찰할 수도 있다. 하지만 나는 동시에 내가 바로 나의 몸이라는 사실을 알고 있고, 나의 몸을 감각이라는 다른 수단을 통해서 경험하고 있다. 감각을 통한 경험이 상상과 환상을 통해 관찰자와 피관찰자로서 마음속에서 재현되는 것이다. 이처럼 마음속에서 재현되는 경험이 육체와 마찬가지로 실체로, 자신의 실체로 느껴진다.

사고는 이런 방식으로 작동한다. 사고가 관찰하는 사람, 즉 생각하는 사람의 이미지로 나타난다. 덕분에 사고는 훨씬 강력한 권위를 갖는다. 무슨 생각을 하는지 알고 있는 존재에게서 나온 것처럼 보이기 때문이다. 사고가 단지 기계적으로 작동한다면 컴퓨터보다 나을 것이 없다. 하지만 컴퓨터 안에 사고를 하는 작은 존재가 있다고 상상하면 컴퓨터 역시 단순한 기계 이상의 강력한 권위를 갖게 될 것이다.

시각 장애인과 그의 지팡이를 생각해보자. 지팡이를 꽉 쥐고 두드리는 동안에 그는 지팡이가 곧 '나'라고 느낀다. 말하자면 지팡이 끝에서 세상과 '내'가 연결되어 있다고 느낀다. 그가 지팡이를 느슨하게 쥐고 있다면 지팡이는 내가 아니며 내 손이 나다. 하지만 그때 그는 이렇게 생각할 수도 있다. "내 손은 내가 아니야. '나'는 '내' 손을 움직이고 싶어." 그러므로 그의 내면 깊숙한 곳에는 여전히 나인 뭔가 내 손을 움직이는 주체가 있다. 그는 자신의 외피를 벗고 점점 내면으로 들어가면서 이렇게 말한다. "저것은 내가 아니야. 저것도 내가 아니야. 나는 지금 이것들을 관찰하고 있어. 이것들은 '나'라는 본질적인 요소가 아니야." 이어서 그는 내부 장기와 근육의 감각 등을 느끼고 말한다. "이것들은 내가 아니야. 나는 그저 내면의 어딘가를 보고 있을 뿐이야." 그는 '나'를 찾는 작업을 계속한다. 양파 껍질을 벗기듯이 한 겹 한 겹 벗기며 점점 내면으로 들어간다. 자신의 본질 자체, 핵심, 진정 '나'라고 할 만한 그것을 찾을 때까지 말이다. 아마 그는 이렇게 말할 것이다. "가장 깊숙한 곳에 있는 본질적인 '나', 모든 것을 바라보고 있는 '나'가 분명 있어야 한다." 그만이 아니라 누구라도 그렇게 느끼고 생각한다.

하지만 나의 생각은 이렇다. 사고는 문화와 사회 전체에 속하는 일종의 시스템으로 오랜 역사를 거쳐오며 진화했다는 것이 나의 생각이다. 그런 사고가 그것을 만들어내는 근원이라 생각되는 개인의 이미지를 만들어낸다. 다시 말해 사고는 실제로 인지하고 느낄 수 있는 실체로서의 개인이라는 개념을 만들어낸다. 이런 개념이 다음 단계로 이어진다. 이제 사고는 그저 우리에게 상황을 알려주기만 했고 내면에 있는 개인이 정보를 가지고 어떻게 할지를 결정했다고, 말하자면 개인이 선택했다고 주장한다. 최종 선택과 사고는 무관하다는 것이다. 사물의 상태를 알려주기만 하는 사고와 해당 정보를 가지고 어떻게 행동할지를 선택하는 '개인'이라는 이미지는 그렇게 서서히 등장했다.

이런 사고방식을 보면서 무엇이 잘못되었는지 논리적으로 생각하고 파악하려 할 수도 있다. 누군가 의구심을 느끼면서 말한다. "이면에 도대체 뭐가 있는지 의심스럽군." 하지만 첫 질문은 의문을 품어야 마땅한 전제를 포함하고 있는 경우도 많다. 예를 들어 내가 어떤 신념에 의문을 던지는데 신념과 다를 바 없는 또 다른 것을 통해서 의문을 던지는 그런 상황이다. 이래서는 근본적인 탐구가 불가능하다. 진정한 대화를 하려면 민감성이 필요하다고 했던 이유가 바로 여기에 있다. 우리는 자신이 하는 모든 행동과 사고, 반응에 민감해야 한다. 상황을 보면 의문을 품는 '회의자'가 있는 것으로 보인다. '저기 뒤편' 어딘가에 잘못된 것을 찾으려고 유심히 관찰하는 사람이 있다. 하지만 그 자신은 관찰당하고 있지는 않다. 문제는 그가 지켜봐야 하는 '잘못된' 것들 자체가 관찰하는 사람 내부에 있다는 것이다. 잘못된 것을 감추기에 가장 안전한 장소이기 때문이다. 관찰자 안에 숨어라. 그러면 그는 영원히 찾지 못할 것이다.

On Dialogue

6.

유보, 육체,
자기 수용 감각

V

Suspension, the Body, and Proprioception

지금 우리는 자아, 즉 관찰자 이면에 있는 전체 과정의 핵심을 향해 점점 깊이 들어가고 있다. 듣기에서든 보기에서든 일반적인 문제는 만약 자기 안의 '듣는 사람'을 통해서 뭔가를 듣는다는 것이 실은 듣는 것이 아니라는 사실이다. 이는 자신의 일부가 뒤로 물러서서 자신의 나머지 부분에 귀를 기울이는 형국이다. 듣는 사람 없는 듣기가 존재한다면 관찰자 없는 관찰도 존재할 수 있다. 상황에 따라서는 누구나 그렇게 할 수 있다. 뭔가 행동을 하는데 행동을 하는 동안 스스로를 관찰하지 않는 것이다. 그저 행위만 할 뿐이다. 하지만 그렇게 하기가 힘든 경우도 있다. 그러므로 우리는 진지한 의문을 품게 된다. 보다 심오한 관찰을 하려면 무엇이 필요할까? '보는 사람' 없이 스스로를 관찰하고, '듣는 사람' 없이 자신 또는 타인의 말을 들을 방법은 없을까?

먼저 이런 이슈와 관련하여 우리가 보거나 듣고자 하는 것은 무엇일까? 공격성 혹은 반항심을 지닌 사람이 있다고 가정해보자. 어떤 사람이 공격적이라면 그런 성질은 먼저 행동으로 나타난다. 육체적으로, 말로, 제스처나 표정으로, 말하자면 어떤 식으로든 표출하게 되어 있다. 그는 공격적인 행동을 하면서도 자신이 그런 행동을 하고 있다는 사실을 인지하지 못한다. 자신이 공격적이라는 사실도 모른다. 다만 자신이 옳다거나 공격을 당했으니 이렇게 해야 한다고 생각할 뿐이다. 그는 자신의 행동이 마땅하기 때문에 공격적이라고 생각하지 않는다. 그러다가 어느 시점에 그는 상황을 알아차린다. 상황을 파악한 다음에 그는 이렇게 생각한다. "나는 지금 공격적이야. 이러면 안 돼." 그런 판단이 자신의 의지를 누르며 공격적인 행동을 억제하지만 그는 여전히 공격적이다. 말하자면 공격적인 행동은 사라졌지만 그의 공격성 자체는 바뀌지 않았다. 공격성을 관찰하는 관찰자가 공격성으로 가득 차 있다. 따라서 어떤 변화도 일어나지 않는다.

하지만 다른 반응도 가능하다. 공격성을 행동으로 옮기지도, 공격성을 억눌러 자신의 의지를 거스르지도 않는다. 행동을 유보하고 지켜보는 것이다. 행동을 유보한 채로 내면에서 공격성이 드러나도록 펼쳐두고 그것의 실질적인 모습을 들여다본다. 우리 내부에서는 갖가지 움직임이 일어난다. 심장 박동과 혈압, 호흡 방식 등이 달라지고 긴장감이 고조되는 것이 신체 감각을 통해 느껴진다. 이런 느낌과 함께 여러 가지 사고도 진행된다. 우리는 이런 모든 움직임을 관찰하고, 인식하고, 이들 사이의 연결을 파악한다. 보통 그런 모든 느낌과 신체 반응은 연결된 하나의 과정으로 간주된다. 사고는 다른 어떤 것으로, 그와는 무관한 것으로 간주된다. 하지만 유보와 관찰을 통해서 연관성을 인식함에 따라 사고도 전체 과정과 결코 무관하지 않다는 사실이 점점 분명해진다.

사실 인류는 이런 종류의 유보에 익숙하지 않다. 나는 이것이 인간의 타고난 잠재 능력이지만 그것을 발전시키는 방향으로 진화하지 않았다고 생각한다. 인류는 오히려 즉각적인 충동에 따라 반응하는, 말하자면 폭력적인 성향을 드러내는 방식으로 진화해왔다. 폭력을 쓰면 나중에 대가를 치른다고 생각해서 억누르려 하는 그런 상황도 있다. 사회가 폭력을 원하지 않기 때문에 폭력성을 억누르려 노력하는 그런 상황도 있다. 하지만 폭력성 표출을 스스로 억누르는 상황에서도 우리는 자신을 폭력적으로 만드는 생각을 계속한다. 그래서 이후의 대가가 두려워서든, 사회의 권고 때문이든 그런 억제 노력으로는 진정한 변화를 기대할 수 없다. 오히려 폭력성은 끊임없이 증식하는 경향이 있다. 폭력성은 일종의 프로그램처럼 기억 속에 입력되는데 폭력성이 강할수록 기억 속에 많은 것이 입력된다. 나중에는 컴퓨터 프로그램이 알아서 돌아가듯이 폭력성이 점점 무의식적으로 나타난다. 나는 이것이 인간이 폭력성을 유보하지 못하고 표출하는 주된 요인이라고 생각한다. 여기에는 또한 유전적인 요인도 있다. 유보해야 하는 상황에서 무력으로 반응하는 성향을 타고날 수가 있다. 하지만 정글에서도 항상 무력이 필요하지는 않다. 사실 유보가 필요한 상황이 대부분이고 무력이 필요한 경우는 어쩌다가 있을 뿐이다. 따라서 생존에 필요한 것은 무력이나 폭력성이 아니라 오히려 유보하는 태도를 배우는 것이다.

유보 과정에서 우리는 두 가지를 깨닫는다. 첫째, 육체적인 반응은 사고에 의해 야기된다는 사실이다. 사고가 개입하지 않은 상태에서 육체 반응이 일어난다면 자체로 중요하겠지만 사고가 개입한 상태라면 그렇게 큰 의미는 없다. 많이 흥분했을 때의 신체 반응을 보면 자체로 봐서는 뭔가 조치를 취해야 할 것 같지만, 사고로 인해서 그런 반응이 야기되었다면 생각만큼 중대하지 않을 수도 있다는 말이다. 둘째, 유보를 통해서 우리는 '나'를 거치지 않고 사고가 감정에, 감정이 사고에 영향을 미친다는 직접적인 증거를 볼 수 있다.

일반적으로 사람들은 우리의 내면에 사고, 감정, 행동을 모두 경험하면서 이들을 연결하는 접점 역할을 하는 '중심 자아central entity'가 있다고 상정한다. 중심 자아의 존재를 통해서 이런 것이 어떻게 연결되었는지 설명하기 때문에 사람들은 중심 자아를 더없이 중요하게 생각한다. 사고, 감정, 행동 이 모든 것이 중심 자아를 거쳐서 나오기 때문이다. 중심 자아는 이런 모든 것의 근원과 중심에 존재한다. 하지만 유보를 통해서 우리는 사고와 감정이 '나'에 의해서 움직이는 것이 아니라 자체적으로 움직인다는 증거를 볼 수 있다. 사고와 감정은 중심 자아인 '나'에 의해서 생기는 것도, '내'가 경험하는 것도 아니다.

하지만 인간에게도 '자기 참조self-reference' 시스템이 있다. 자기 수용 감각proprioception 혹은 '자기 지각self-perception'이라고도 불리는 것이다. 인간은 신체의 어떤 부분을 움직이면 즉시 알아챈다. 외부의 힘이 자기 팔을 움직였을 때와 스스로 움직였을 때가 다르다는 사실도 구별한다. 그런 차이를 인지하도록 신경 구조가 만들어져 있다.

이와 관련하여 내가 자주 드는 예가 있는데 잠든 사이 뇌졸중에 걸린 여성 이야기다. 자다 일어나 보니 누군가가 자신을 때리는 것이 느껴졌다. 하지만 불을 켜고 보니 자기가 자기를 때리고 있었다. 뇌졸중으로 감각신경이 손상되었지만 운동신경은 멀쩡했다. 감각신경의 손상으로 자기가 자기 몸을 때린다는 사실을 인지할 수 없었던 것이다. 결국 그녀는 다른 누군가가 자기를 때리고 있다고 생각했고 '괴한'에게 저항하기 시작했다. 하지만 저항이 강해질수록 괴한의 공격은 더욱 심해졌다. 인체에는 자기 수용 감각이 있어서 자기 내부에서 비롯된 행동과 외부에서 비롯된 행동을 구분할 수 있다. 이 여성의 경우 뇌졸중으로 자기 수용 감각에 이상이 생기면서 자기 행동과 외부의 물리력을 구분할 수 없었던 것이다. 이런 관점에서 보면 일종의 중심으로서 '자아'가 있고, 활동의 중심으로서 육체가 있다는 개념이 지극히 자연스럽다. 인간뿐 아니라 동물도 그런 감각을 갖고 있어 스스로의 행위와 외부의 물리력을 구분한다. 이렇게 보면 모든 것의 중심으로서 '나'라는 개념이 전적으로 틀린 것은 아니라고 말할 수 있다. 그렇지 않다면 이런 개념이 애초에 생기지도 않았을 것이다.

문제는 이렇게 자연스럽고 유용한 구분이 어떻게 자기모순으로 변하느냐 하는 것이다. 애초 옳고 유익했던 것이 옳지 않은 방향으로 변화하는 과정을 거쳤다. 특히 사고는 자기 수용 감각이 결여되어 있다. 따라서 어떡하든 사고를 관찰할 방법을 터득해야 한다. 육체를 관찰할 경우에는 관찰이 일어나고 있다는 사실을 알 수 있다. 관찰자의 분명한 인식이 없을 때도 관찰이 일어나고 있음을 인지하는 데는 무리가 없다.

육체처럼 사고도 자신을 관찰하고 자신이 무엇을 하고 있는지 파악하는 것이 가능할까? 주의를 기울여 사고의 다른 감각을 일깨우면 사고가 자기 수용 감각을 갖게 될까? 사고가 자기 행동을 파악한다면 지금처럼 혼란을 조장하지 않을 것이다. 만약 우리가 외부적으로 드러나는 물리적인 행동을 하면서 자신이 무엇을 하고 있는지를 모른다면 어떻게 될까? 모든 것이 엉망이 될 것이다. 사고도 마찬가지다. 사고가 자신이 어떤 행동을 하고 있는지를 깨닫지 못하면 엄청난 혼란이 야기될 수밖에 없다. 이 점을 상세히 살펴보자. 먼저 유보를 살펴보고 이어서 자기 수용 감각을 알아본다.

나는 분노, 폭력, 공포 등이 모두 유보될 수 있음을 다시 한 번 강조하고 싶다. 만약 분노를 유보하면 분노에는 이를 지속적으로 유지시키는 특정한 사고와 가정이 있음을 알 것이다. 당신이 그런 가정을 받아들이면 분노가 계속될 것이다. 혹은 분노를 억누르는 쪽으로 반응할 수도 있다. '화를 내면 안 돼. 나는 화가 나지 않았어.'라며 스스로를 다독이는 식으로 말이다. 그러면 여전히 화가 난 상태지만 분노 자체의 의식은 사라진다. 그런 생각이 분노의 의식을 억누르기 때문이다. 하지만 분노로 인한 폭력성은 사라지지 않는다. 그런 상황에서 필요한 것은 분노의 의식을 억누르는 것도, 분노의 표출을 억누르는 것도, 그렇다고 분노를 표출하는 것도 아니다. 오히려 칼날 위처럼 불안정한 중간 어딘가에 분노를 유보해두는 태도가 필요하다. 그리하여 전체 과정을 볼 수 있도록 말이다. 필요한 것은 바로 이런 태도다.

그러므로 먼저 문제는 그런 행동을 억누르지 않고 유보하는 것이 가능한가이다. 그것이 불가능하다고 생각되면 억누르고 싶은 마음을 억누르지 말고 억누르는 과정 자체를 관찰한다. 억누르지 않겠다고 자기에게 말할 필요 없이 그저 지켜보는 것이다. 또한 그런 행동을 유보하고 있는 관찰자의 존재가 느껴질 수도 있다. 그렇다면 그런 유보를 관찰한다. 즉 그런 행동을 유보하려는 노력이 있음을 관찰한다. 요점은 유보를 위한 정해진 공식 따위는 없다는 것이다. 나는 지금 공식이나 법칙, 처방이 아니라 탐구를 향한 출발을 권하고 있다. 탐구의 길이 어디로 이어질지는 정확하게 말하기 힘들다. 어쩌면 유보하지 못하고 결국 행동이 일어나는 것을 막을 수 없다고 느낄 수도 있다. 하지만 시간이 흐르면 자신이 예전과 다르게 행동하는 것을 느끼게 되고, 어느 단계에 이르면 행동의 유보가 가능함을 인식한다. 유보가 가능해지면 유보 상태에 있는 행동을 관찰할 수 있다는 사실을 깨달을 것이다.

분노를 폭발시킨 다음 가라앉히는 방법도 있다. 이 경우에도 분노는 진정되지만 여전히 존재한다. 보다 중요한 뭔가가 생겼기 때문에 잠시 중단되었지만 분노는 사라지지 않았고 언제든 표출될 준비가 되어 있다. 분노를 야기하는 원인이 되는 말을 찾아냄으로써 일부러 분노를 불러일으킬 수도 있다. 그렇게 하여 실제로 떠오르는 생각을 검토할 수 있다. 파장이 큰 충격적인 상황을 떠올려보고 추이를 지켜보는 것도 방법이다. 누군가가 당신이 예상치 못한 행동으로 당신에게 상처를 주었고, 당신이 너무 속상하다고 말하는 상황은 어떨까? 물론 심각한 상황을 떠올리고 지켜보는 것은 당연히 사소한 일을 지켜보는 것보다 힘들다.

속상하다는 기분 뒤에는 '나는 속상하지 않아, 기분이 아주 좋아.'라고 말하는 예전의 생각이 있다. 이런 기분은 특정 상황에 달려 있다. "내 친구들은 나를 특정 방식으로 생각해야 해. 반드시 이런 방식이 아니면 안 돼. 그러면 나는 기분이 좋아질 수 있어." 이면에는 바로 이런 생각이 있다. 우리가 의식하지는 못하지만 분명 존재한다. 그때 누군가가 말한다. "너는 바보야. 좋은 구석이라곤 하나도 없어." 그때 드는 새로운 생각은 지금까지와 상반되는 나쁜 감정을 야기하고 우리는 충격을 받는다. 처음에 우리는 그것이 뭔지 모른다. 자세히 들여다보라. 이면의 사고 내용은 이렇다. "도대체 이게 무슨 일이지?" 이어서 우리는 이런 일이 상습적으로 일어난다는 사실을 깨닫는다. 우리의 설명은 상처를 받았고 속상하다는 것이다. 그런 설명은 고통으로 적절하게 표현된다. 아주 중요한 일이므로 그로 인한 고통

또한 매우 크다. 이런 모든 과정이 순식간에 일어난다. 폭약이 설치된 장치가 폭파 신호에 따라 폭발하듯이 그야말로 순식간에 말이다. 실제로 일어나는 순간을 보지 못했을 경우에는 나중에 볼 수도 있다. 말하자면 시간이 흐른 뒤에 기억을 상기할 수가 있다. 언어를 통해서 이를 상기하라. 당신을 속상하게 했던 말을 떠올리고 무슨 일이 일어났는가를 생각해보라.

처음 당신을 속상하게 했던 말이 다시 속상한 감정을 불러일으키는 것을 느낄 것이다. 어떻게 그런 일이 일어나는지 볼 수가 있다. 일단 당신은 온갖 부수적인 생각을 하게 된다. "나는 그를 믿었는데 그는 나를 배신했어." "나는 그에게 모든 걸 주었는데 그가 무슨 짓을 했는지 보라고." 등등. 그런 생각은 끝이 없다. 할 일은 지금 벌어지는 상황을 표현할 적절한 단어를 찾고, 그런 단어가 어떤 작용을 하는지 보는 것이다. 목적은 단어의 내용 파악이 아니라 단어가 하는 작용을 보는 것이다. 속상함에 대해서 생각하는 것과 속상함을 생각하는 것은 차이가 있다. 속상함에 대해서 생각한다 함은 속상함이 '저만치' 있고 나는 그에 대한 추상적 개념을 만들어낸다는 의미다. 책상에 대한 추상적인 개념을 만들어내듯이 말이다. 그러므로 이런 식으로 생각하는 것은 아무것도 하지 않는 것이나 마찬가지다. 속상함은 '저만치' 따로 있는 책상과는 다르다. 속상함은 외부가 아니라 바로 나의 내면에 있기 때문이다. 다른 방식은 속상함을 생각하는 것이다. 이는 그런 생각을 살펴보고 무엇이 되었든 그로 인해 야기되는 결과를 내버려두는 것이다. 이는 몸과 의식 속에 있는 속상한 생각을 억누르지도, 그렇다고 행위로 옮기지도 않고 그대로 둔다는 의미다. 이렇게 행동을 유보하고 감정이 저절로 드러나도록 내버려둔 다음 관찰하라.

이제 자기 수용 감각의 의미를 보다 명확히 파악하기 위해서 먼저 일관성과 비일관성 사고의 암묵적 과정을 이야기하고자 한다. 비일관성은 의도와 결과가 일치하지 않는 상태를 의미한다. 행동이 기대한 결과와 일치하지 않을 경우 우리는 모순과 혼란에 빠지고, 이런 비일관성을 무마하기 위해 자신을 속인다. 어느 정도 비일관성은 사실상 불가피하다. 왜냐하면 지식이 불완전하기 때문이다. 전체에서 추출한 추상화된 개념이기 때문에 모든 지식은 한계가 있다. 또한 지식은 우리가 지금까지 배운 것으로만 구성되어 있다. 이런 지식의 한계 때문에 항상 비일관성을 나타낼 소지를 안고 있다. 이런 비일관성은 지식이 실제 적용될 때, 말하자면 지식에 따라서 행동할 때 나타난다. 지식을 통해서 뭔가를 완수하고자 하는 경우에 나타날 수도 있다. 올바른 태도를 가진 사람이라면 이런 경우 이렇게 말할 것이다. "알았어. 비일관성을 인정해. 과거 지식은 버리고 뭐가 잘못되었는지 찾아봐야지." 그리고 잘못된 것을 찾아 바꾸면 된다. 하지만 과거 지식을 계속 고집한다면 잘못된 길로 접어들게 된다. 사실 특정 지식을 고수해야 할 이유는 전혀 없다. 그런데도 사람들은 늘 지식을 고수하려는 함정에 빠진다.

반면에 일관성에서는 질서, 아름다움, 조화 등이 느껴진다. 하지만 질서, 아름다움, 조화만 보는 사람은 스스로를 기만하고 모든 것이 순조롭다고만 생각할 가능성이 높다. 모든 것이 질서 정연하고, 조화롭고, 아름답다고 말이다. 따라서 우리에게는 비일관성이라는 부정적인 상황에 대한 민감성이 필요하다. 비일관성을 민감하게 감지하는 것이 곧 일관성으로 통하는 지름길이다. 비일관성에 민감한 사람은 그런 상황이 벌어지면 금세 상황을 파악하고 인정한 다음 원인을 찾을 것이다. 원인을 찾으면 상황을 바로잡을 수 있다. 일관성은 분명 엄청난 가치를 지닌다. 사회는 일관성이 있어야 하는데 일관성 없이 돌아가는 사회는 실제로 매우 위험하기 때문이다. 더구나 인간은 선천적으로 일관성을 좋아하게 만들어져 있다. 일관성은 우리 삶의 일부다. 당신의 삶이 전혀 일관성 없이 혼란스럽다면 아마 거의 가치가 없는 삶이라고 느낄 것이다. 말하자면 우리는 일관성을 사랑하는 내재된 가치 의식을 갖고 있다. 하지만 지금은 가치가 온통 뒤섞여 혼란스럽기 짝이 없다. 사고가 오랜 세월 발전해오면서 혼란을 조장하는 일관성이 결여된 가치를 만들어낸 탓이다. 예를 들면 우리는 잘못된 방법으로 일관성을 추구하고 있다. 비일관성을 찾아서 버릴 생각을 하지 않고 무작정 일관성을 강요하는 것이 대표적인 예다. 이는 일종의 폭력이며 결과적으로 비일관성을 더욱 심화시킬 뿐이다.

일관성을 추구하는 것이 인간의 본성이지만 사고가 이런 본성을 교란하고 있다는 것이 나의 생각이다. 오랜 세월 누적된 사고의 영향으로 아주 일관성이 떨어지는 반응이 우리 기억 속에 입력되어 있다. 하지만 우리는 그것을 찾아낼 방법도, 그것의 의미도 알지 못한다. 그런 채로 시간이 흐르면서 상황은 더욱 혼란스러워졌다. 일관성은 심리 과정 전체를 포함하는데 여기에는 사고의 암묵적인 과정도 들어간다. 더욱이 진정으로 중요한 변화는 어떤 것이든 암묵적이고 구체적인 사고 과정에서 일어나야 한다. 추상적인 사고에서만 변화가 일어나서는 아무런 의미가 없다.

이런 암묵적이고 구체적인 과정은 실질적인 지식으로 일관될 수도, 아닐 수도 있다. 자전거 타기를 생각해보자. 당신이 자전거 타는 법을 모른다면 이는 그에 관한 지식이 올바르지 않은 상황이라 할 수 있다. 즉 자전거를 타려고 노력하는 상황에서의 암묵적인 지식이 일관되지 않아서 원하던 결과를 얻을 수가 없는 것이다. 이런 경우 지식의 비일관성이 분명하게 드러난다. 자전거를 타려고 하면 넘어지는 것으로 금세 알 수 있다. 물리적인 행동은 암묵적 지식에서 비롯된다. 따라서 물리적인 행동에 변화를 가져오려면 암묵적인 반응을 바꿔야 한다.

그러므로 추상적인 사고를 바꾸는 것도 필요한 하나의 단계지만 몸이 반응하는 방식까지 바꿔야 충분한 지식이 된다. 누군가는 다음과 같이 조목조목 잘못된 점을 지적할 것이다. "지금 제대로 하고 있지 않아. 트는 방향이 틀렸다고. 자전거가 넘어지는 방향으로 틀어야 해. 그런데 당신의 본능이 자꾸 반대쪽으로 틀게 만들고 있어." 이런 지적은 모두 옳고 유용하기도 하다. 하지만 결국에는 암묵적인 영역에서 변화가 일어나야 한다. 실제로 자전거를 타보면서 얻은 암묵적인 지식이 필요하다. 그리고 이를 이용하여 과거의 잘못된 지식을 교정하게 된다. 그런 암묵적인 지식이 당신이 목표하는 방향으로 나아가 원하는 결과를 찾아내는 하나의 움직임이 있다. 이런 움직임은 다음 단계로 계속 이어진다. 그런 식으로 암묵적 지식은 우리가 마침내 혼자 자전거를 탈 때까지 학습을 계속한다. 추상적인 지침에서 도움을 받을 수는 있지만 실천을 통해서 터득하는 암묵적 지식도 함께 있어야 한다.

문제는 자전거 타기를 배울 때처럼 사고에서도 이런 작업을 할 수 있느냐는 것이다. 나는 사고, 즉 생각하기가 사실 자전거 타기보다 훨씬 미묘하게 진행되는 암묵적 과정이라고 본다. 생각을 하는 구체적인 과정은 매우 암묵적이다. 암묵적인 과정에서 생각이 등장하는 모습을 보면 사실상 사고도 하나의 움직임이다. 원칙적으로 이런 움직임은 자각이 가능하다. 나는 인간이 사고를 자각할 가능성이 있다고 생각한다. 사고라는 움직임의 구체적이고 실질적인 과정은 굳이 이를 의식하는 '자아'를 개입시키지 않더라도 자각이 가능하다고 본다.

'자기 수용 감각'이라는 말은 전문 용어다. '사고의 자기 인식', '사고의 자각' 등으로 표현할 수 있고 아예 풀어 쓰자면 '사고가 자신의 활동을 인식한다' 정도가 된다. 어떤 용어를 사용하든 내가 강조하는 바는 사고가 자신의 움직임을 자각, 다시 말해 인식할 수 있어야 한다는 것이다. 사고 과정에서 사고의 움직임, 생각의 의도, 생각이 만들어내는 결과를 인식해야 한다. 더욱 주의를 기울이면 사고가 외부에서 특정 결과를 만들어내는 방식을 인식할 수 있다. 또한 사고가 우리 내부에서 만들어내는 결과에도 주의를 기울일 수 있다. 나아가 사고가 자각에 어떻게 영향을 미치는지 즉각적으로 인식할 수도 있다.

신체를 움직일 경우 우리는 자기가 몸을 움직이고 있다는 사실을 즉각적으로 안다. 이는 의식적인 인지가 아니라 거의 무의식적으로 알게 된다. 말하자면 우리는 자기가 몸을 움직였으며, 외부의 물리력이 개입되지 않았음을 분명하게 인식한다. 움직이려는 충동과 움직임 자체의 연관성을 인식하는 것이다.

몸을 움직이는 경우 우리는 결과를 즉각적으로 알아서 필요한 반응이 지연되지 않도록 해야 한다. 말하자면 생각하지 않고 즉각적으로 반응할 수 있어야 한다. 움직임과 인식, 반응 사이에 오랜 시간이 걸린다면 몸이 제대로 기능하기 힘들다. 그러므로 신체의 자기 수용 감각은 생존에 필수적이다. 이처럼 자기 수용 감각은 몸의 물리적인 움직임에 내재되어 있다. 또한 이런 능력은 노력을 통해 한층 높일 수도 있다. 운동선수와 무용수는 자기 수용 감각을 개선하는 훈련을 많이 한다. 하지만 누구도 자기 수용 감각이 완벽하지 않기 때문에 사람들은 자신의 많은 행동을 인식하지 못한다. 하지만 우리가 인식하지 못해도 자기 수용 감각은 여전히 존재한다.

사고는 어떤가? 일단 먼저 생각하려는 충동이 생긴다. 이어서 사고가 발생하고 감정이 생기고 몸이 긴장하는 등 뒤따르는 많은 결과가 나타난다. 만약 우리가 충동과 사고, 결과 사이의 연관성을 보지 못하면 다른 사람이 자신을 때리고 있다고 착각한, 앞에서 소개한 여인과 같은 꼴이 된다. 여자는 자기가 뭔가를 하고 있으면서 자기가 아닌 다른 누군가가 그런 행동을 하고 있다고 생각했다. 그런 인식이 잘못되었음을 알면 세상 모든 것이 바뀐다. 예를 들어 싫어하는 사람을 만나서 이런 생각을 한다고 가정해보자. "정말 꼴불견이야. 참을 수가 없다니까." 그런 사고는 굳이 말로 할 필요 없이 거의 저절로 생긴다. 하지만 그것 때문에 실제로 위에 통증을 느낄 수도 있다. 이런 경우 우리는 '위에 뭔가 문제가 있군.' 하고 말한다. 심장 박동 수가 올라갈 수도, 다른 증상이 생길 수도 있다. 우리에게 상처를 주고 무시한 사람을 생각하면 감정이 격해질 수 있다. 그런 경우 우리는 보통 이렇게 말한다. "강렬한 느낌이 오는군. 분명해." 이런 상태 자체가 사고에서 자기 수용 감각이 작동하지 않는다는 의미다.

이와 관련하여 피부의 저항을 측정하는 장치가 있다. 피부 저항은 사람의 감정에 따라 변하므로 감정 상태를 보여주는 지표다. 누군가 우리의 반응을 야기할 말을 하면 2, 3초 뒤에 바늘이 움직이는 식이다. 충동이 뇌에서 신경계를 관통하여 피부에 전달되기까지 걸리는 시간은 대략 2, 3초다. 강렬한 반응이라면 우리도 알아차리겠지만 경미한 것일 경우 자신이 그런 감정적인 반응을 보였다는 사실 자체를 인지하지 못할 수도 있다. 하지만 경미하든, 강렬하든 그런 감정은 어떤 식으로든 우리에게 영향을 미친다. 우리가 알아차릴 만큼 강렬한 감정이었다면 우리는 이렇게 말할 것이다. "느낌이 오는군."

상대가 2, 3초 전에 우리에게 뭔가를 말했지만 우리는 반응과 상대의 말이 연관되었다는 것을 모른다. 그러고는 말한다. "강렬한 느낌이야. 내가 화를 내는 게 당연하다는 신호야." 그리고 우리는 분노를 정당화하는 데에 그런 감정을 활용한다. "이렇게 강한 느낌이 저절로 생기는 것은 내가 뭔가를 인식했다는 뜻이야. 화를 내는 것이 옳다는 의미지." 그런 사고가 감정을 더욱 고조시키고, 그렇게 사고와 감정이 서로 영향을 주고받는 상황이 지속된다. 사고의 자기 수용 감각이 없으면 이런 상황을 바로잡을 수가 없다.

우리는 나중에야 상황을 파악하고 이렇게 말할 수도 있다. "그런 행동을 한 것이 내 생각이었다는 것을 이제 알겠어." 하지만 그때는 벌집을 쑤신 것처럼 혼란스러워진 상황이라 바로잡기에 너무 늦다. 반면에 사고의 자기 수용 감각이 있었다면 우리는 즉시 이렇게 말했을 것이다. "그래, 생각하려는 충동이 일었고 뭔가를 생각했어. 그리고 화가 나는 느낌이 들었지. 그렇게 해서 생긴 감정이야. 그것뿐이야." 만약 우리가 생각에서 비롯되지 않은 감정을 갖는다면 현실을 있는 그대로 직접적으로 인식한 것으로 암묵적으로 받아들일 것이다.

인간은 사고의 자기 수용 감각을 타고난다는 것이 나의 생각이다. 육체와 마찬가지로 정신도 자기 수용 감각을 가지고 있으며, 암묵적인 과정에서 자각하고 있을 것이다. 그것이 아마도 정신의 본질이리라. 하지만 사고의 자기 수용 감각은 아주 포착하기가 힘들다. 억제되어 좀체 드러나지 않기 때문이다. 그렇지 않다면 우리는 그런 상황에서 이렇게 말할 것이다. "좋아. 두렵고 불쾌한 이미지를 만들어내고 있는 사고가 있군. 하지만 그건 단지 이미지일 뿐이니까 중요하지 않아." 하지만 실제로는 억지로 그런 생각을 떨쳐 버리려 하는 경우가 많다. '그런 생각을 하면 안 돼.' 하고 말이다. 무슨 일이 일어나고 있는지를 아예 인지하지 못하는 경우도 있다. 그냥 생각이 다른 곳으로 옮아간다. 거기에 집중하기 힘든 상황이기 때문이다. 뭔가 다른 일이 일어나서 주의가 분산되거나 그냥 잊어버리기도 한다. 우리는 무감각해지거나 둔감해지면서 계속해서 망각한다. 우리가 속상한 생각에 빠져드는 것을 막고자 뇌가 이런 모든 것을 만들어낸다. 말하자면 뇌는 아주 나쁘다고 생각되는 것에서 우리를 보호하려고 애쓴다.

중요한 것은 우리가 인지하는 육체 과정이 충동에서 시작하여 결과까지 계속되는, 일종의 움직임이라는 것이다. 우리는 움직임이 진행됨에 따라 이를 감지한다. 그렇게 보면 사고 과정 역시 하나의 움직임이다. 하지만 사고는 스스로를 움직임으로 간주하지 않고 진실로 간주한다. 우리에게 상황을 알려주면서 그저 거기에 존재하는 것으로 말이다. 원칙적으로 사고의 움직임도 자각할 수가 있다. 현재는 온갖 혼란과 방해 때문에 힘들어졌을 뿐이다. 우리가 우주를 보지 못하게 만드는 라스베이거스의 휘황한 불빛들을 떠올리면 이해가 한결 쉬우리라. 휘황찬란한데다 주위를 온통 채우고 있으니 불빛들이 세상에서 제일 중요한 것이라고 생각할 수도 있다. 하지만 그렇게 선명하게 드러나는 것이 아니라 아주 미묘해서 포착하기 힘든 뭔가가 훨씬 중요할 수도 있다.

그런 의미에서 사고 과정을 관찰할 다른 방법이 있다. 사고를 일종의 반사 체계로 보는 것이다. 반사란 어떤 일이 일어나면 그에 반응하여 다른 무언가가 자동으로 일어나는 현상을 의미한다. 반사에는 다양한 것이 있는데 조건부로 일어나게 만드는 것도 가능하다. 예를 들어 개들이 음식을 보면 침을 흘리는 것도 조건 반사다. 이와 관련해서는 파블로프Pavlov가 개를 데리고 진행한 실험이 유명하다. 파블로프는 개에게 음식을 주기 전에 종을 울리는 실험을 진행했다. 이런 실험을 여러 번 반복하고 얼마의 시간이 흐르자 개는 음식을 보지 않고 종소리만 듣고도 침을 흘렸다. 이것이 바로 기본적인 형태의 조건 부여다. 특정 행동을 자주 반복해주는 것이다. 조건 반사 현상은 흔히 볼 수 있다. 우리가 일상생활에서 배우는 많은 것이 이런 조건 반사를 만들어낸다. 운전을 배우는 과정을 운전 상황에 맞게 조건 반사가 일어나도록 만드는 과정이라 봐도 무방하다.

기본적인 사고는 일련의 반사 행동 형태를 취하고 있는지도 모른다. 누군가 이름을 물으면 우리는 즉각적으로 대답한다. 이것이 바로 반사 행동이다. 질문이 복잡한 경우에도 우리의 정신이 기억 속에서 대답을 찾아내는 일정한 방식이 있다. 이런 경우 일종의 '탐색 반사'가 작동한다. 우리의 정신이 기억을 탐색하고, 적합해 보이는 해답을 찾아내고, 찾은 해답을 말한 다음 적합 여부를 확인한다. 나는 이런 전체 과정이 일련의 반사 행동이라고 본다. 사고는 아주 미묘한 일련의 반사 행동이며 잠재적으로 무한한 가능성을 갖고 있다. 말하자면 이런 반사에 얼마든지 뭔가를 덧붙일 수도, 변형을 가할 수도 있다. 논리적인 과정 전체도 일단 그것이 기억 속에 들어가면 일련의 반사가 된다. 그리고 그것이 내가 '사고'라고 부르는 것이다. 여기에는 감정, 신체 상태, 물리적인 반응, 기타 모든 것이 포함된다.

그렇다면 사고는 물질적인 과정의 일부가 된다. 사고는 하나로 연결되어 있는 뇌와 신경계와 전신에서 발생한다. 사고는 라디오, 텔레비전, 저작 같은 물질적인 과정에 의해 전달될 수도 있다. 말을 할 때는 소리가 나서 사고를 전달한다. 몸 안에서 사고는 신경계의 신호를 통해 전달된다.(아직 소상히 밝혀지지 않았지만 신경의 신호 전달 체계에는 일종의 규칙이 있다.) 나는 지금 사고는 물질적인 과정이며 저절로 일어나는 반사 반응을 보인다고 말하고 있다. 만약 우리가 어떤 것이 진실이라는 통찰이나 인식을 갖고 있으면 그것이 실제로 우리에게 영향을 미친다. 진실이라는 통찰이나 인식이 물질적인 과정에 깊이 영향을 줄 수도 있는데 이런 물질적인 과정에는 온갖 반사 반응도 포함된다. 하지만 우리가 특정 상황에 지적인 혹은 추론적인 지식만 갖고 있다면 이런 과정에 깊이 영향을 주지 않는다.

물질은 한없이 난해한 것인지도 모른다. 과학은 물질에 대해 모든 것을 파악하지는 못했고 아마 앞으로도 그럴 것이다. 어쨌든 물질은 단순한 기계 장치 같은 것이 아니다. 물질은 과학이 증명하기 힘든 아주 깊고 미묘한 방식으로 우리의 인식에 반응할 수가 있다. 말하자면 인식으로 인해 물질에 변화가 일어날 수 있다. 통찰이나 인식이 전체에 영향을 미친다는 개념이 바로 이것이다. 이는 추론적인 이해에 영향을 미칠 뿐만 아니라 생리 화학적이고 암묵적인 수준까지, 말하자면 모든 것에 영향을 미친다.

중요한 것은 우리가 이를 통찰할 잠재력을 갖고 있다는 사실이다. 자문해보자. “사고가 물질적인 과정이라는, 즉 사고가 항상 인식에 반응하고 참여하고 있다는 통찰을 갖고 있는가?” 그런 통찰을 갖고 있다면 그것이 아마도 일부 방해물을 제거해줄 것이다. 하지만 우리에게 각인된 모든 조건 반사와 암묵적 지식은 거기에 반기를 든다. 사고는 물질적인 과정이 아니라고 말한다. 우리의 일차적인 반응은 거기에 동조하는 것이다. “사고는 물질과는 거리가 멀다. 물질과는 완전히 구분된다. 사고는 정신적인 진리 혹은 의의를 갖고 있다.” 우리는 그렇게 조건 반사를 일으키도록 길들여졌다.

하지만 지금 나는 사고는 물질적인 과정이며 사고가 능동적으로 움직이고 있다고 주장하고 있다. 사고가 우리에게 상황을 있는 그대로 일러주는 수동적인 역할만 한다는 개념은 가당치 않다. 이런 통찰, 즉 사고가 스스로의 행동을 인지하지 못하기 때문에 사고의 자기 수용 감각이 필요하다는 통찰이 중요한 시작이다. 지금 우리는 사고를 정신적인 개념으로만 보게 만드는 조건 반사를 관장하는 뇌의 신경 접합부를 건드리기 시작했다고 볼 수 있다.

7.

참여형 사고와 무한

V

Participatory Thought and the Unlimited

인류 초기 문화에서는 '참여형 사고 participatory thought'라는 것이 존재했다. 알고 보면 어느 정도까지는 지금도 그런 사고가 남아 있다. 그런 문화권의 사람들은 자신들이 보고 있는 사물의 일부에 참여하고 있다고 느꼈다. 세상 모든 것이 그런 식으로 서로 참여하고 있으며, 사물들의 정령은 모두 하나라고 보았다. 예를 들면 에스키모들은 세상에는 많고 많은 바다표범이 있지만 모두가 하나의 바다표범의 현현이라고, 달리 말하자면 바다표범 정령의 현현이라고 믿었던 것으로 보인다. 하나의 바다표범이 수많은 개체로 나타나고 있다는 발상이다. 그래서 에스키모들은 바다표범의 정령에게 개체로 나타나서 자신들의 먹이가 되어 달라고 기도했다. 일부 아메리카 인디언은 물소를 그런 식으로 생각했던 것 같다. 그들은 자신들이 자연에 참여하고 있다고 느끼며, 자신들의 사고가 자연에 참여하는 것을 날카롭게 인식하고 있었다.

오늘날 사람들은 이렇게 말할지도 모른다. "사물을 그렇게 보는 것은 바보 같은 짓이다. 분명 서로 다른 많은 바다표범이 있을 뿐이다." 그동안 우리는 보다 객관적인 사고를 발전시켜왔다. 객관적인 사고는 참여형 사고와는 반대로 말한다. "우리는 거기에 참여하지 않고 뭔가를 사고하기를 바란다. 그것에 대해 생각하고 있는 그대로를 인식하는 그런 사고를 바란다." 어쨌든 현대의 사고방식은 과거와는 많이 다르다. 에스키모가 보는 방식과 우리가 보는 방식은 전혀 다르다.

참여형 사고를 보여주는 다른 방식은 우리가 이야기를 나누고 있다고 상상하는 것이다. 나는 지금 당신을 보면서 당신이 하는 이야기를 듣고 있다. 보는 것과 듣는 것은 전혀 다른 경험이다. 이런 상황에서 내가 경험하는 것은 내가 보는 사람이 내가 이야기를 듣는 사람과 같다는 사실이다. 말하자면 보고 듣는 대상이 하나이며 동일인이다. 양자를 통합하는 것은 사고의 한 방식이다. 마찬가지로 우리는 다음과 같이 말할 수도 있다. “내 안으로 들어간 숨결은 주신(主神)의 정령 혹은 우주의 정령이다. 심장도 폐도 위도 전체에 참여하고 있다.” 참여형 문화가 생각한 방식이 바로 이런 것이리라.

참여형 사고는 다른 형태의 인식 및 사고 방법이며, 대략 백만 년 동안 인류가 사용해왔다. 지난 5천 년 동안 우리는 그것을 바꾸고 이제는 터무니없는 소리라고 폄하한다. “완전히 헛소리지. 그런 것에는 손톱만큼의 관심도 없다고.” 오늘날 대다수가 선호하는 이런 식의 사고는 ‘사실형 사고literal thought’라고 불린다.

사실형 사고는 사물을 있는 그대로 반영하는 것을 목적으로 한다. 그리고 자신은 그저 사물을 있는 그대로 말해주고 있을 뿐이라고 주장한다. 다들 그것이 가장 좋은 사고 형태라고 본다. 예를 들어 기술적 사고는 사실적인 것을 목표로 한다. 모호하지 않고 명확한 것, 사물을 정확히 있는 그대로 이해하는 것을 지향한다. 반드시 그렇게 되지는 않더라도 그런 방향을 목표로 한다. 영국의 철학자이자 시인인 오언 바필드Owen Barfield는 이런 사실형 사고를 우상 숭배에 비유했다. 우리가 우상을 만들면 우상이 처음에는 자기보다 강력한 세력이나 영적인 에너지를 대신하는 역할을 한다. 하지만 시간이 흐르면서 우상은 있는 그대로 의미를 가지기 시작한다. 그리고 사람들은 해당 물체 자체에 최고의 가치를 부여한다. 어떤 의미에서 오늘날 인류는 우리의 언어와 사고를 숭배하고 있다고 말할 수도 있다. 그것들이 현실을 있는 그대로 묘사 혹은 서술하고 있다고 믿으면서 말이다. 사실 언어와 사고는 그렇게 하지 못한다. 그런데도 우리는 그렇다고 믿으면서 언어와 사고에 지나치게 높은 가치를 부여한다. 언어와 사고가 현실의 일부를 묘사하고 설명할 수는 있지만 현실 '전체'를 감당할 수 없다.

참여형 사고를 주로 사용했던 문화도 아마 실제적인 활동과 관련해서는 사실형 사고를 활용했을 것이다. 하지만 그들은 정말 중요하게 생각하는 것에는 주로 참여형 사고를 활용했다. 부족에는 구성원이 자신들과 동일시하는 특정 동물, 즉 토템이 있었다. 그들은 '부족과 토템, 즉 우리는 같다.'고 말한다. 부족과 토템이 함께 어떤 종류의 에너지나 정신에 참여하고 있다는 사고방식이다. 심지어 그들은 만물이 우주의 정신 혹은 물질에 참여하고 있다고까지 말할지도 모른다. 내가 듣고 있는 사람이 내가 보고 있는 사람이라고 말한 것처럼 그들은 토템이 곧 부족이라고 말한다. 그런 경우 우리는 토템을 통해서 부족과 접촉하고, 반대로 부족의 일원이나 부족 전체를 통해서 토템과 접촉한다.

스스로를 그런 상황에 두고 그런 방식을 시험해보는 것도 아주 흥미로운 일이다. 우리는 지금도 끊임없이 참여형 사고를 하고 있으며, 참여형 사고는 결코 사라지지 않았다는 것이 나의 생각이다. 대표적인 예가 국가가 공격을 당하면 곧 내가 공격을 당한다는 사고다. 그런 상황에서 사람들은 정확히 참여형 사고를 하고 있다. "내가 곧 우리나라야. 네가 국경을 넘으면 그건 바로 나를 공격하는 거야." 사실 우리는 이런 사고를 엄청나게 많이 하지만 그렇지 않다고 주장한다. 부정하는 주체는 바로 사실형 사고다. 사실형 사고는 우리가 절대로 참여형 사고 따위는 하고 있지 않다고 주장한다. 따라서 전체적인 상황에 일관성이 없다. 명시적으로 우리는 사실형 사고에 최고의 가치를 부여한다, 하지만 암묵적으로는 참여형 사고에 최고의 가치를 부여하고 있다. 그래서 모든 것이 뒤죽박죽 혼란스럽다. 겉으로 드러나는 의식에서는 사실형 사고가 대세여서 놀라운 기술 발전이 가능했다. 여러 면에서 그것이 매우 유용했다. 한편으로 참여형 사고는 음지로 숨어들었다. 사실형 사고에 가려 빛을 잃었지만 지하에 여전히 남아 있다.

그렇다면 '참여participation'라는 단어의 의미는 뭘까? 두 가지 의미를 갖고 있다. 초기 의미는 '(뭔가를) 나누어 가지다to partake of'였다.

모든 사람이 하나의 통에 들어 있는 음식을 나누어 먹는 그런 상황을 생각하면 된다. 초기 인류에게 이는 상징적으로도, 실제적으로도 근원을 함께 나누는 것을 의미했다. 초기 인류는 토템과 그들 자신이 이런 근원적인 에너지를 나누어 가지고 있다고 생각했고 그것이 일체감을 만들어냈다. 서구 문화에서는 이런 의미가 중세 시대까지 지속되었다. 다른 의미는 기여하기 위해 '(어딘가에) 참여하다to take part in'라는 뜻이다. 현대에는 이것이 주된 의미가 되었다. 이는 개인이 전체에게 받아들여져서 전체 안에 들어간다는 뜻이다. 어떤 의미에서 전체가 우리의 참여를 받아들이지 않으면 우리는 거기에 참여할 수가 없다. 전체를 함께 생각하는 이런 사고는 객체와 주체를 분리하지 않는다. 이는 암묵적인 사고로 '함께'라는 감각 혹은 느낌을 만들어낸다. 경계는 진정한 의미의 분리가 아니라 기술(記述)을 용이하게 하는 수단으로 존재할 뿐이다.

중세에 신학자 토마스 아퀴나스Thomas Aquinas는 참여라는 개념을 끊임없이 활용했다. 그는 문장의 주어가 목적어에 참여한다고 말하곤 했다. 그는 또한 우리가 지상에서 보는 빛이 하늘에 있는 태양에 참여한다고 말했다. 빛은 태양에 순수한 형태로 존재하며 우리는 지상에서 빛을 나누어 가지고 있다는 것이 아퀴나스의 논리였다. 이것은 인류 발전 과정에서 기나긴 세월 동안 오히려 일반적이었던 사고방식이다. 우리는 이런 사고의 특징을 진정으로 파악해야 한다. 이런 사고방식을 갖고 있으면 지금처럼 인간이 지구의 약탈자가 되지는 않을 것이다. 우리는 지구를 나누어 가지고 있다. 따라서 지구를 약탈하는 행위는 불합리하다. 무의식의 깊은 곳으로 들어가면 우리 모두에게 그런 생각이 내재하고 있다. 인류는 백만 년 동안 그렇게 생각해왔기 때문이다. 사실형 사고가 지배적이 된 것은 비교적 최근의 일이다.

참여형 사고는 만물이 만물을 나누어 가지며, 만물이 만물의 일부가 된다고 본다. 참여형 사고는 스스로가 지구를 나누어 가지고 있다고 본다. 참여형 사고에는 다른 것에서 분리된 독립된 존재란 없다. 음식을 생각해보자. 음식을 먹음으로써 우리는 말 그대로 음식을 나누어 가진다. 우리와 분리된 대상으로 보이는 음식이 우리 안으로 들어와 우리의 일부가 된다. 음식이 어디서 우리가 되는가? 음식이 어떻게 우리가 되는가? 어떤 단계에서 그런가? 대상으로서 음식과 우리의 일부가 된 음식을 구분하는 경계선을 과연 어디에 그을 수 있을까? 여기서 알 수 있듯이 음식을 분리된 대상으로 보는 관점은 뭔가 잘못되어 있다. 그런 사실형 사고는 파편화를 조장하는 경향이 있다. 반면에 참여형 사고는 사물을 통합하는 경향이 있다.

그렇다고 해서 참여형 사고가 마냥 좋은 것만은 아니다. 참여형 사고는 매우 부적절하고 심지어 위험한 측면도 가지고 있다. 어떤 부족에서는 '인간'이라는 단어가 해당 부족의 구성원이라는 단어와 동일했다. 그들이 다른 부족을 만난다면 어떻게 될까? 그들이 알고 있는 인간이라는 단어의 뜻에 따르면 다른 부족은 인간이 아니었다. 그들은 어쩌면 어떤 의미에서는 다른 부족도 인간이라는 사실을 알고 있었을지 모른다. 하지만 해당 단어가 가지는 힘은 엄청나다. 해당 단어 때문에 부족은 다른 부족을 그들의 '참여' 안에 포함시키지 못할 수도 있다. 그 시점에서 함께하는 참여가 붕괴되고 그들은 파편화된 사고를 시작한다.

히틀러 시대 독일의 호프집도 그런 예에 속한다. 당시 사람들은 호프집에 둘러앉아 함께 노래를 부르곤 했는데 참여도도 높았고 서로 간에 느끼는 공동체 의식도 엄청났다. "우리는 모두 친구다. 밖으로 나가 세상을 정복하자. 정말 근사할 것이다." 서로 하나 되는 참여형 사고 속에서 그들은 그렇게 생각했고 서로를 독려했다. 하지만 실제 행동으로 옮겼을 때는 상황이 생각만큼 근사하지 않았다. 이처럼 참여형 사고라는 개념이 반드시 완벽한 행복을 보장하는 공식은 아니다.

50만 년 전 사람들은 실제로 그렇게 많은 사실형 사고를 필요로 하지 않았다. 사람들은 주로 수렵과 채집 생활을 하는 소규모 집단에서 생활했다. 집단 구성원은 서로를 소상히 알고 있었고, 간단한 기술 개발 목적으로만 사실형 사고를 발전시켰다. 나중에 농업 혁명이 일어났고 보다 규모가 큰 사회가 생겨났다. 이런 사회는 과거의 소규모 사회보다 조직적이고 질서가 잘 지켜져야 했다. 또한 기술 발전 욕구도 높았다. 그래서 그들은 사실형 사고를 훨씬 많이 활용해야 했다. 그들이 사회를 조직화하는 방법은 다음과 같았다. "당신은 여기 소속이다. 당신은 이것을 하고, 당신은 저것을 하라." 말하자면 그들은 모든 것을 분리된 대상으로 다루기 시작했고 사람도 예외가 아니었다. 그들은 사람을 목적을 위한 수단으로 생각했고 그렇게 활용했다. 문명화가 진전될수록 세상은 점점 사고를 목적을 위한 수단으로 활용하는 그런 곳이 되어 갔다.

나라와 나라 사이에도 그런 사고가 개입했다. 국가들은 다른 나라를 통제하고 싸워서 이기고 격파해야 하는 대상으로 보았다. 사실 중심, 기술 중심의 사고가 점점 많은 영역으로 지속적으로 스며들었다. 참여 자체가 단편적이 되고 축소되었다. 참여는 제한된 영역에서만 통했고 그나마도 계속해서 줄어들었다. 사람들은 가정에서 혹은 도시, 국가, 종교, 신 등을 기리는 의식에서나 참여를 경험했을 것이다. 하지만 점점 많은 것이 세속화되고 있었다.

그래도 집단적으로 뭔가를 해내려면 참여는 절대적으로 필요하다. 하지만 현재는 참여가 제대로 이루어지지 않고 있다. 사실형 사고와 혼동되고 있기 때문이다. 그러므로 우리는 먼저 참여형 사고와 사실형 사고의 차이를 이해해야 한다. 양자를 어떻게 명확하게 구분할 것인가는 분명하지 않다. 내면적이고 심리적인 영역에서도 어느 정도는 사실형 사고가 필요하다. 또한 외적인 영역에서도 어느 정도는 참여형 사고가 필요하다. 따라서 완전히 선명하게 경계선을 그을 수는 없다. 경계를 그으려 하기보다는 배우고 이해하는 것이 중요하다. 우리가 이런 곤란에 빠진 이유가 무엇인가를 보다 깊이 이해해야 한다는 것이 나의 생각이다.

관료제 또는 위계 질서가 중시되는 현대 조직을 생각해보자. 그런 조직에서 사람들은 대상물로 취급된다. 그들은 정해진 일을 해야 하고, 정해진 방식으로 서로 관계를 맺어야 한다. 사실형 사고는 사람을 기능으로 인식한다. 사람은 무엇이 되었든 남들이 부르는 것으로 통한다. 말하자면 노동자냐 은행가냐 같은 기능이 중요하다. 거기서 사회의 계급 제도가 생겨 사람들은 서로로부터 고립되고, 참여는 매우 제한적이 된다.

그래서 다시 같은 문제가 나타난다. 인간이 그런 대상을 만들어냈다는 것이다. 그런 관점에서 보면 세상은 대상물로 만들어진다. 우리는 타인을 대상으로 취급하고 결국에는 자신까지 하나의 대상물로 취급해야 한다. '나는 여기에 적응해야 해. 이것을 해야 하고 저것이 되어야 해. 더욱 발전해야 해.' 따위의 말을 스스로에게 하면서 말이다. 하지만 '사회'는 모든 것을 대상화할 수 있는 객관적인 현실이 아니다. 절대로. 오히려 사회는 모든 사람의 의식을 통해서 만들어진 현실이다. 사람들에 의해 탄생한 사회는 몇 가지 '객관적인' 특징을 갖는다. 특히 이런 객관적인 특징 중에는 참여하는 사람이 많기 때문에 얻어지는 통계적인 요소가 많다. 물리학의 세계에서도 동일한 현상이 나타난다. 원자 하나를 정확하게 측정하는 것은 불가능하다. 복수의 원자가 결합되어 있기 때문이다. 하지만 통계적으로 원자를 측정하면 객관적인 평균치를 얻을 수 있다. 누가 언제 실험을 하든 결과는 동일하다. 이처럼 평균값은 얻을 수 있지만 개개의 원자는 알 수 없다. 사회에 있어서도 마찬가지다. 평균적인 행동은 파악할 수 있기 때문에 이는 충분히 예측 가능하다. 하지만 진정으로 우리를 움직이고 사회가 존재하게끔 만드는 그것과 비교하면 평균값은 크게 중요하지 않다. 개인적으로도, 집단적으로도 우리는 의식을 가지고 있다. 바로 이 의식이 사회를 창조하고 사고, 지성, 감정 등을 동원해서 사회를 존속시킨다.

대화 집단에서도 마찬가지다. 참가자는 저마다 다르다. 이런 식이다. "내 입장은 이렇고 당신 입장은 그렇지. 당신은 이것을 알고 나는 저것을 알아." 하지만 동시에 참여 의식도 존재한다. 이는 모든 사람이 진행되고 있는 상황을 공유하고, 나름대로 거기에 기여하고 있다는 의미다. 눈에 띄게 기여하지 않는 사람도 여전히 상황을 공유하고 있으며 어떻게든 참여하고 있다. 저마다 가진 사고, 감정, 관점, 의견이 모두 드러나고 집단 안에서 발전하고 있다. 우리가 거기에 저항하고 있다고 생각하는 동안에도 그런 움직임은 계속된다. 우리는 특히

'저건 그의 관점이고 이건 나의 관점이야.'라는 식으로 구분하고 나누는 사고에 익숙하고 거기에 영향을 받는다. 하지만 이런 태도는 옳지 않다. 모든 관점은 사고에 불과하다. 어디에 있든 사고는 사고일 뿐이다. 사고라는 점에서 모두 하나이며 같다. 에스키모가 바다표범을 보고 무수히 많은 것처럼 보이지만 '모두 하나의 바다표범이다.'라고 말하는 것과 마찬가지다. 에스키모의 그런 태도야말로 참여적 사고, 참여적 관점이 진정으로 기능하고 있는 예다. 사고는 모두 하나다. 어떤 장소에서 나타나든, 구체적으로 어떠한 내용을 담고 있든. 따라서 사실형 사고와 참여형 사고라는 문제에 직면했을 때는 대화의 정신이 더더욱 중요하다.

하지만 사실형 사고만 고집한다면 참여의 여지는 없다. 이런 사람은 오직 외부로 드러나는 기계적인 인간관계만 생각한다. 또한 '자아'가 별도의 객관적인 실체로 존재하며 모든 것이 자아로부터 나온다고 생각한다. 하지만 진정한 참여가 이루어지는 상황에서는 사고가 구별을 만들어낼지라도 여전히 참여가 존재한다는 것이 나의 생각이다. 사람과 사람 사이, 사고와 감정 사이, 그 밖에 어떤 것들 사이의 구별이든 구별 속에 참여가 존재한다. 궁극적으로 세상 모든 것의 본질이 상호 참여라고 말하고 싶다. 만물이 만물에 참여하니 만물이 곧 만물이다. 그것이 바로 나의 책 〈전체와 접힌 질서Wholeness and the Implicate Order〉가 주장하는 내용이다. 이는 만물 안에 만물이 '접혀 들어가' 감춰져 있다고 말하는, 사물을 보는 전혀 다른 방법이다. 그러므로 만물의 근원에는 '접혀 들어간 만물'이 있으며 우주의 '펼쳐짐'은 접혀 들어간 것이 잠시 드러나는 것일 뿐이다.

나는 인류가 저지르는 근본 오류 중에 하나가 한번 끝낸 사고는 사라진다는 생각이라고 본다. 사고는 사라지지 않는다. 의식 저편으로 접혀 들어가 있을 뿐이다. 우리는 의식하지 못하지만 사고는 여전히 존재하며 같은 형태로든 다른 형태로든 언젠가 다시 펼쳐질지도 모른다. 따라서 의식의 이면으로 들어갔다가 전면으로 나오고, 다시 이면으로 들어가는 과정이 끊임없이 이어진다. 사고처럼 펼쳐지는 감정도 있을 수 있다. 이어서 사고는 다시 돌아가서 더욱 많은 감정과 육체의 움직임을 만들어낸다. 이는 끊임없는 과정이다. 아마 그것은 시작된 적도, 끝도 없다고 말할 수 있으리라. 그것은 끊임없이 최선을 다해 본질로, 자연으로 돌아간다. 인류와 모든 생물은 환경에 접혀 있다가 '펼쳐지며' 모습을 드러낸다.

이와 관련하여 인간의 세 가지 차원을 이야기하고 싶다. 하나는 개인적 차원으로 그저 혼자다. 개인의 육체는 어느 정도 다른 것과 분리된다. '어느 정도'라고 말하는 이유는 인간의 육체가 공기, 빛, 음식 등과 결합되기 때문에 완전한 분리가 아니기 때문이다. 육체가 진정한 의미에서 끝나는 그런 지점은 없다. 말하자면 육체의 경계는 상대적이다. 산소 분자가 몸으로 들어오면 육체가 갑자기 살아나고, 이산

화탄소가 되어 떠나면 육체가 죽는다고 말할 수는 없다. 육체에는 진정한 의미에서 확실한 종말이 없다고 말해야 마땅하다. 생명이 어디서 시작되고 끝나는지도 말할 수 없기는 마찬가지다. 다만 육체가 어느 지점에서 생명의 '초점'이 된다고 말할 수는 있으리라. 그렇지만 개개인은 여전히 고유의 특성을 지닌다. 유전이나 DNA 등으로 인한 신체적인 특징은 물론 경험, 성장 배경, 능력에 의한 정신적 특징까지. 게다가 개개인은 자아의 이미지를 갖고 있으며, 이를 통해 남과 구별되는 자신을 입증하려 한다.

다음으로 인류라는 집단적 차원도 있다. 하나의 사회와 문화를 구성하는 엄청나게 많은 사람이 있다. 집단은 개인과는 질적으로 다른 특징을 지니는데 잠재적으로뿐 아니라 실제적으로도 엄청난 힘을 가진다. 대화에서 우리는 그런 집단의 힘에 어떻게 일관성을 부여하여 질서로 편입시킬 것인가를 의논한다.

마지막 세 번째는 바로 우주적 차원이다. 이는 인간이 자연, 과학, 종교의 우주론에 몰입하는 영역이다. 인간은 태초부터 선사시대 내내 항상 이 영역에 관심을 가져왔다. 자연은 개인과 사회를 넘어서는 어떤 것으로 인지된다. 이미 말한 것처럼 초기에는 애니미즘이 있었다. 사람들은 모든 것이 살아 있으며 영혼을 가지고 있다고 믿었고, 만물이 만물에 참여하고 있다고 생각했다. 하지만 사람들이 자연에서 도시로, 야생과는 거리가 먼 농장으로 떠나면서 자연 및 우주와 멀어졌다. 그러면서 우주에 대한 갈증이 생겼고 인간은 다양한 방식으로 갈증을 해소하려고 노력했던 것으로 보인다. 아주 초기에는 예술이 있었다. 예술은 아마도 우주와 모종의 연결을 갖고 있었을 것이다. 이어서 종교와 철학이라는 개념이 뒤를 따랐다. 그런 식으로 우주와 연결을 유지하려는 노력은 계속되었다.

종교는 지금도 유지되고 있지만 대다수 사람은 이제 종교에서 제시하는 가정을 믿지 않는다. 종교는 그렇게 우리를 떠났고 우리는 자연으로부터 아주 멀리 와버렸다. 철학은 혼란스럽기 짝이 없다. 현대에 와서는 과학이 어느 정도 우리를 우주와 연결해주었다. 하지만 과학을 통한 우주와의 연결은 매우 제한적이다. 대다수 사람은 과학을 깊이 이해하지도 못한다. 그러므로 우주적 차원과의 연결은 아무래도 상실되지 않았나 싶다. 하지만 인간은 여전히 우주적 차원으로 돌아가기를 갈망한다는 것이 나의 생각이다. 개인적인 차원과 집단적인 차원이 그렇듯이 우주적 차원도 인간에게 필요 불가결한 부분이기 때문이다.

인간과 우주와의 연결이 끊겼다고 말해도 무리는 아니다. 다양한 문학 작품은 인간이 '자연의 종말'을 야기하고 있다고 말한다. 원래 인간은 자연을 광대하고 인간의 힘이 미치지 않는 존재라고 생각했다. 하지만 지금 우리는 인간이 자연을 파괴할 수도 있는 그런 시점에 와 있음을 본다. 과거 부족 문화는 자연을 이렇게 말했다. "지구는 우리의 어머니다. 우리는 어머니를 보살펴야 한다." 오늘날 사람들은 다르다. "아니다. 그렇지 않다. 우리는 지구를 이용해야 한다." 인간과 자연 관계의 이런 변화, 말하자면 자연과의 유대감 상실로 인한 영향은 거기서 멈추지 않는다. 예전에 사람들은 자연을 저만치서 항상 존재하는 최후의 보루 같은 것으로 생각했다. "그래. 상황이 상당히 안 좋은 거 알아. 하지만 자연이 저기 있어. 자연은 여전히 괜찮아." 하지만 이제는 이런 사치스러운 생각이 사라졌다. 인간이 이제 무한한 존재로서의 자연에 기댈 수가 없다.

일단 사람들이 그것을 깨달으면 엄청난 심리 변화가 야기된다. 자연이 없어진다는 것은 누군가 우리에게 이렇게 말하는 것과 같다. "어머니한테 더 이상 의지할 수 없어. 너는 혼자야." 그것이 지금 우리가 처한 상황이다. 자연이 살아남느냐 파멸하느냐는 당연히 우리에게 달렸다. 여기에는 지구의 모든 것이 정말로 우리의 책임이라는 의미가 담겨 있다. 이런 깨달음은 우리에게 과거와 다른 새로운 태도를 요구한다. 그렇다면 질문은 이렇다. 그 근거는 무엇인가? 인간은 무엇인가?

인간의 본질은 무엇인가? 어떤 내면의 근거를 가지고 그런 책임감을 끌어낼 수 있을까? 그런 책임감을 수락하게 만드는 우리의 존재는 과연 무엇인가? 그런 책임감의 근거는 무엇인가? 일반적으로 인간은 스스로를 그런 책임감 있는 존재로 생각하지 않았다. 우리는 어머니나 아버지가 돌봐줄 것이라고 믿으며 성장하는 아이에 가까웠다. 아이는 어느 날 상황이 그렇지 않음을 깨닫는다. "그래. 이제 상황이 변했어. 이번에는 반대로 내가 돌볼 차례야."

어떤 사람은 자연을 정비함으로써 오염에도 견디는 나무와 식물 종을 찾아내고, 한편으로 유전공학으로 새로운 종을 만들어내는 등의 수단으로 생존할 수 있다고 생각한다. 그들은 우리가 자연 자체가 산업화될 때까지 세상을 산업화할 수 있다며, 이를 '자연 산업'이라고 부를 수 있다고 주장한다. 지금 우리에게는 오락 산업, 문화 산업, 교육 산업 등이 있다. 같은 맥락에서 자연 산업을 가질 수도 있으리라. 자연 보존에 노력하는 한편으로 자연이 이윤을 창출하도록 만들 수 있으리라. 어쩌면 기술이 그런 세상을 열어줄지 모른다. 누가 알겠는가? 살짝 의심스럽긴 하지만 어쩌면 가능한 일이다. 하지만 그런 상황이 되면 인간은 도대체 어떻게 될까? 삶이 어떤 모습이 될까? 어쩌면 참여하는 삶일 수도 있으리라. 하지만 진정 좋아 보이는 그런 종류의 참여는 아닐 것이다.

인간은 이런 전체 상황에서 점점 중요한 역할을 하고 있으며 이를 당연하게 받아들여야 한다. 자연이 우리 정신에서 거의 종교와 같은 의의를 갖는다고 생각해야 한다. 새로운 태도를 가지는 것이 인간에게 매우 중요한 함의가 있다고 생각해야 한다. 따라서 우주적 차원의 일부는 인간이 자연을 대하는 태도라고 말할 수 있다. 하지만 이를 넘어서는 뭔가가 있다. 망원경을 통해서나 밤하늘을 올려다보면서 인식하는 그런 우주만이 아닌 다른 뭔가가 있다. 나는 그것을 넘어서는 영역이 있다고 믿는다. 한계를 넘어서는 무엇, 유한하지 않은 무엇이 있을 것이다.

일반 사회에서 생활하다 보면 돈, 국가, 혹은 무엇이 되었든 하고 있는 일에 우선순위를 두게 된다. 우선순위를 매길 수 있는 온갖 것이 있지만 사람마다 우선순위는 다르다. 하지만 우리가 우선순위를 그런 것에만 둔다면 무한unlimited의 가능성을 가진 것에는 우선순위를 둘 수가 없다. 우리 뇌는 무한 따위는 없다고 편의주의 식으로 말한다. 하지만 참여를 중시하는 관점에서 보면 만물의 근원은 무한이라고 말할 수 있다. 우리의 진정한 존재는 무한하다는 의미다. 그렇다면 이런 의문이 생긴다. 우리가 진정한 존재와의 접촉을 의식할 수 있는가? 질문의 의미는 굳이 설명할 필요가 없으리라고 본다. 인간은 오랜 세월 실로 다양한 방법으로 이런 문제를 검토해왔다.

문명화된 사회의 사고 체계를 보면 인간은 모든 것을 알고 통제할 수 있다고 주장하는 뭔가가 있다. 하지만 우리는 질문을 던져야 한다. 사고가 과연 본질적으로 모든 것을 아는 능력을 갖고 있는가? 사고는 추상화 작업이기 때문에 본질적으로 한계를 안고 있는데도 말이다. 같은 질문을 다르게 던져볼 수도 있다. 경험, 지식, 암묵적 사고라는 사고의 모든 영역은 한계가 있는가? 대부분의 문화에서는 '사고에는 한계가 없다'고 본다. 이런 가정은 무슨 일이 발생하든 사고,

지식, 응용 능력을 통해 접근하면 해결할 수 있다는 의미다. 그렇다면 드러나지 않는 암묵적인 사고에 이런 가정을 적용하면 어떻게 될까? 이는 어떤 일이 발생하든 우리는 생각을 하게 된다는 의미다. 이런 가정은 아주 활발하게 적용되고 있다. 아주 보편적인, '모든' 것에 해당되는 가정이다. 그런 만큼 매우 강력한 영향력과 가치를 지닌다. 말하자면 사람들은 틀림없이 '그럴' 것이라고 생각한다. 이렇게 강력한 가정이라면 당연히 다른 모든 것에 우선한다. 따라서 인간은 기계적으로 생각을 하게 된다. 생각이 가능한 방법일 뿐만 아니라 최소한 잠재적인 부분에서는 유일한 방법이라고 말하는 강력한 가정이 작동하고 있기 때문이다.

하지만 나는 사고의 영역은 한계가 있다고 본다. 또한 '무한한 것'은 존재하며 유한한 것이 거기에 포함되어 있다는 것이 나의 생각이다. '무한'은 단지 우주 끝까지 나아갈 뿐만 아니라 더욱 중요하게는 더욱 복잡한 존재가 되어 간다. 하지만 지금까지 살펴본 것처럼 인간의 주의력은 한계가 있다. 어떤 것에 가치가 있는지, 어떤 가치에 주의를 기울여야 하는지 암묵적인 사고에 의해 제한되는 경향이 있다. 뭔가에 주의를 기울이지 않으면 그것을 인식할 수가 없다. 거기에 주의를 기울이지 않는 사람 입장에서는 그것은 존재하지 않는다. 하지만 본질적으로 보자면 주의력에는 제한이 없다. 무한히 확장되어 어떤 형태로든 변할 수 있다. 어쩌면 주의력은 유한한 것과 무한한 것을 연결하는 역할을 한다고 볼 수도 있다. 적어도 잠재적으로는 그렇다. 근본적인 형태의 무한한 주의뿐만 아니라 한계를 가진 주의도 있을 수 있다. 한계가 있는 주의의 대표적인 예가 바로 집중력이다. 이처럼 한계가 없는 주의를 통해서 우리는 전체 과정의 보다 보편적인 차원으로 접힌 질서라는 미묘한 수준에 접근한다. 이런 보편적인 차원에서 개인의 내면 의식은 타인의 내면 의식과 거의 차이가 없다. 의식의 토대가 되는 접힌 암묵적 사고는 모두에게 공통된다.

일부 뇌 기능은 예민함을 필요로 하는 단계의 사물에 민감한지도 모른다. 그런 경우 뇌는 일종의 안테나 역할을 한다. 이는 행동의 '유발자'라는 일반적인 뇌의 기능과 근본적으로 다르다. 뇌가 단지 자신의 내부에 존재하는 목적만 추구한다면 모든 공간을 할애하게 되어 다른 것이 들어올 여유가 없어진다. 물론 상황에 따라서는 내면에 집중하는 이런 태도도 필요하긴 하다. 하지만 무한에 도달하거나 접촉할 필요가 있다고 생각하면 뇌에 일종의 침묵이 필요하다. 말하자면 뭔가로 가득 채워지지 않은 빈 공간이 필요하다.

나는 인간의 경험 대부분이 접힌 질서 안에서 이루어진다고 생각한다. 하지만 사회는 우리에게 거기에 가치를 두지 말라고 가르친다. 우리는 명시적으로 드러나는 외부의 질서에 주된 가치를 두라고 배우는데, 일반적으로 우리가 생각하는 목적을 달성하는 데는 그런 태도가 유용한 것도 사실이다. 돈을 벌고 현실에서 이런저런 것을 처리하는 데는 말이다. 따라서 우리는 어딘가에 여유leisure를 가질 공간을 마련해야 한다. 'leisure'라는 단어는 '비어 있다'는 어원을 갖고 있다. 결국 그렇게 비어 있는 공간, 시간과 장소에서 자유로운 공간이 필요하다, 그곳에는 어떤 것도 사람의 뇌를 차지하지 않는다. 무한으로 가는 발걸음을 자연을 바라보는 것에서 시작할 수도 있다. 주의를 분산시키는 것이 가장 적은 그런 공간에서 말이다. 일단의 사람들이 진정으로 서로를 신뢰하고 올바른 유대감을 갖는다면 그런 비슷한 상황이 대화에서 일어날 수도 있으리라.

다수가 이런 가능성을 진정으로 알고 공감한다면 개인과는 차원이 다른 엄청난 결과를 가져올 수도 있다. 정확히 얼마나 영향을 미칠지는 모르지만 진정한 가능성이 있는 것만은 확실하다. 엄청난 냉소와 비관주의가 오늘날 인류를 지배하고 있는데 거기에는 나름 일리가 있다. 하지만 냉소주의는 자칫 오류로 치닫기 쉽다. 인류는 엄청난 가능성을 갖고 있지만 알고 보면 사소한 것이 이런 가능성을 파괴하고 있다.

만물의 근원에 도달하는 것은 우리 모두의 몫이다. 우리는 잠재적으로 혁명을 만들어낼 수 있는 어떤 것을 가지고 있다. 잠재적 가능성이 현실이 되느냐는 강도와 에너지에 달려 있다. 핵심은 우리가 전체에 주의를 기울이는 것이다. 뭔가에 주의를 기울이는 일이 인간에게 마냥 어려운 일은 아니다. 어떤 때는 상당히 잘하는 것도 사실이다. 하지만 상황이 어려워지면 허사가 된다. 그런 시점에 자신을 비난하는 것은 도움이 되지 않는다. 오히려 주의를 흐리는 혼란이 동일한 과정의 일부임을 깨달아야 한다. 주의를 흐리게 하는 혼란과 분열을 연구하는 것도 학습 과정의 일부다. 조용한 공간에서뿐만 아니라 정신을 산란하게 하는 유혹이 존재하는 곳에서도 무한을 보는 것이 중요하다. 우리가 충분히 강해지면, 다시 말해 정신을 산란하게 하는 환경에서도 꿋꿋이 주의를 집중할 수 있다면 무한을 볼 수 있다고 믿는다. 하지만 무한 자체가 워낙 강력해서 보는 순간 우리를 혼란스럽게 만들지도 모른다. 충분한 마음의 준비 없이 너무 급하게 보면 그럴 소지가 다분하다.

무한을 보는 순간에 개인적으로나 집단적으로나 의식이 변화할 가능성이 있다고 나는 믿는다. 개인적인 차원과 집단적인 차원의 변화가 함께 일어나는 것이 중요하다. 둘은 함께 가야 한다. 그러므로 이런 전체적인 문제, 말하자면 커뮤니케이션, 대화하는 능력, 커뮤니케이션에 참여하는 능력이 매우 중요하다.

데이비드 봄의 이 책을 다시 읽는 것은 귀한 선물을 풀어보는 것처럼 가슴 설레는 일이다. 그런 내게 봄의 걸작을 새로 편찬하면서 서문을 부탁하다니 이보다 더한 영광과 행운이 있을까.

나는 1989년 중반 매사추세츠 공과대학MIT에서 데이비드 봄과 새럴 봄 부부를 처음 만났다. 그가 이 책의 토대가 된 강연을 하고 있던 시기였다. 당시 우리는 몇 시간 동안 '대화dialogue'에 대해 이야기를 나눴다. 그때 나눈 이야기를 녹음했더라면 얼마나 좋았을까 하는 생각을 지금도 종종 한다. 워낙 내용이 심오해서 직접 들으면서도 이해가 쉽지 않았다. 그래서 기억하기도 어려우리란 생각을 당시에 했던 터였다. 거칠고 성긴 나의 정신세계로는 미립자처럼 곱고 섬세한 봄의 통찰을 온전히 수용할 수 없었다. 당시 내가 이해하기 어렵다고 느낀 많은 부분이 이 책에서 설명되고 있다. 나를 포함한 많은 독자가 이제는 그의 통찰을 받아들일 충분한 준비가 되었기를 바라는 마음이다.

봄과의 만남 이후 사회 곳곳에서는 복잡한 상황에서 대화를 실천하려는 진지한 노력이 이어졌고,* 대화라는 개념 자체가 상당한 유명세를 탔다. 더불어 대화라는 이름이 붙은 회합도 많아졌다. '이해관계자 대화', '부문 간 대화', '시민의 대화' 등등. 구체적인 예로 코피 아난 국제연합 사무총장과 동료들이 2000년에 발족시킨 UN 글로벌 콤팩트Global Compact를 들 수 있다. 설립 목적은 사회, 환경, 노동 기준 제고에 기업의 적극적인 참여를 유도하는 것이었는데, 여기서 주장하는 핵심 요소가 바로 '정책 대화'다.** '복잡한 문제를 혁신적인 방법으로 해결'하기 위해서 기업, 노동, 시민사회 조직이 머리를 맞대고 의논하는 자리가 바로 글로벌 콤팩트가 말하는 '정책 대화'다. 대화를 향한 사회 곳곳의 노력은 여기서 멈추지 않는다. 대화 관행을 일상의 경영 과정에 통합시킬 방안을 모색하는 진지한 노력도 계속되었다. 예를 들어 회의 시작 또는 말미에 참가자의 생각과 느낌을 차례차례 듣는 식으로 대화를 일상화하려는 노력이다. 세계적인 다

* 매사추세츠 공과대학의 학습조직협회(SoL, Society for Organizational Learning)에서 진행된 연구 결과가 1999년에 발행된 W. 아이작스(W. Isaacs)의 다음 책에 나와 있다.
Dialogue and the Art of Thinking Together: A Pioneering Approach to Communicating in Business and in Life.(New York : Currency)

** www.globalcompact.org 웹사이트를 참조하라.

국적 기업에서는 수석 부사장이 매달 '안건 없는' 대화 모임을 주재하는 관행이 몇 년째 이어지고 있다. '집단 리더십'의 육성 필요성을 보여주는 노력의 일환이라고 한다.

대화를 둘러싼 이런 일련의 노력은 우리에게 무엇을 말해주는 걸까? 오늘날 조직과 사회가 직면한 복잡한 문제를 해결하려면 과거와는 다른 새로운 커뮤니케이션 방식이 필요하다는 인식이 점점 커지고 있다는 사실이다. 구체적으로는 열린 마음으로 타인의 말에 귀를 기울이는 개방적인 커뮤니케이션이 필요하다. 항상 '승자와 패자를 나누는' 정치적인 커뮤니케이션, 상하 위계질서를 강조하는 커뮤니케이션은 세계적인 기후 변화, 점증하는 빈부 격차, 유전공학의 딜레마 등을 상대하기에 역부족이다. '자기 입장만 고수하는' 사람들이 서로를 보다 깊이 이해하고, 공동 목표를 찾아내고, 공동 행동에 필요한 네트워크를 강화하는 활동을 원활히 해내기는 힘들다. 따라서 특정 조직 내부는 물론 조직과 조직의 문제를 해결하는 데서도 과거 방식을 대체할 새로운 방식을 모색해야 한다.

이처럼 사회 전반에서 대화의 관심이 높아지고 있기 때문에 봄의 책을 재출간하는 것이 더욱 시의적절하다고 볼 수 있다. 본서의 재출간이 봄에게 있어 대화란 과연 무엇인지, 대화가 어떤 변화를 가져올 수 있는지에 보다 광범위한 이해로 이어진다면 더욱 의의가 클 것이다. 대화가 보다 생산적인 의견 교환을 위한 발전된 방법론이라는 데에 동의하긴 했지만 그것이 봄이 생각하는 대화의 전부는 아니었다. 깊은 사색을 촉구하는 효과도 인정하긴 했지만 이 또한 봄이 생각하는 대화의 주된 목적은 아니었다. 봄이 생각한 대화는 기업을 비롯한 주요 조직의 효율성 향상을 위한 도구만도 아니었다. 사실 봄은 대화의 이런 효용을 애증이 교차하는 양면의 시선으로 바라보았다. 그런 조직의 효율성을 높인다면 이미 많은 문제를 노출하고 있는 세계적인 산업화 방식을 더욱 가속화하는 결과를 낳으리란 사실을 잘 알고 있었기 때문이다.

봄은 언어로 표현되지 않는 '암묵적인 영역'이 사회를 하나로 통합하는 역할을 한다고 생각했다. 또한 봄이 촉진하고자 했던 바람직한 변화가 일어나는 공간도 바로 이곳, 암묵적 영역이다.

"사고는 암묵적 영역에서 생기며 무엇이 되었든 사고에서 근본적인 변화는 모두 암묵적 영역에서 나올 것이다."

봄은 사회가 효율적으로 돌아가려면 암묵적 영역에 '일관성이 있어야' 하는데 오늘날 사회에서 결여된 것이 바로 이 일관성이라고 거듭 강조한다.

"구성원이 공유하는 의미는 사회를 결합시키는 일종의 시멘트 역할을 하는데 현대 사회는 접착력이 형편없는 시멘트를 갖고 있다고 말할 수 있다. … 우리 사회에서 의미는 전체적으로 일관성이 크게 결여되어 있다. 사실 '공유된 의미'가 너무 일관성이 없어서 어떤 의미를 가지고 있다고 말하기 힘들 정도다."

봄이 생각하는 진정한 대화를 이해하려면 그가 말하는 '비간섭성 incoherence'이 무슨 의미인가를 제대로 인식하는 데서 출발해야 한다.('incoherence'는 일반적으로 '비일관성', '불일치' 등으로 해석된다. 하지만 물리학에서 빛과 파장에 관해 설명할 때는 비간섭성으로 해석된다. 책 전반으로 보면 비일관성이라는 의미로 쓰인 경우가 많지만 몇몇 대목에서는 물리적인 현상과 연관되어 비간섭성으로 쓰였으므로 문맥에 따라 비간섭성과 비일관성을 혼용하여 썼다-옮긴이) '비간섭성'이라고 하면 사회비평가에게 친숙하지 않은 용어고, 사회활동가에게는 더더구나 낯선 단어다. 하지만 물리학자에게는 아주 친숙한 단어다.

쉽게 말하자면 이렇다. 레이저는 간섭성 빛이기 때문에 엄청난 에너지를 만들어내지만 비간섭성 빛인 전구만큼의 전력도 필요로 하지 않는다. 하지만 물리적인 세계가 아니라 실제 사회에서 이런 비유가 어떤 의미를 갖는 걸까?

봄의 글을 보면 대화에서 다양한 관점이 그저 존재하게끔 내버려 두는 것이 얼마나 어려운 과제인가를 이야기하는 대목이 많이 나온다. 사람들은 습관적으로 자신의 관점을 고수하고, 자신의 관점과 일치하는 관점에 동의하고, 다른 관점에는 반대한다. 그런데 이런 습관이 워낙 강해서 다양한 관점이 표출되도록 내버려두는 단순한 행동마저도 거의 불가능하게 만든다는 것이 봄의 지적이다. "대화의 주된 방해물은 자신의 가정과 견해를 고수하고 지키려는 태도다." 차이를 감지하고 자신의 가정과 견해를 지키려는 이런 본능은 생물학적인 유산인 자기 방어 기제에서 비롯된 것이며, 이것이 바로 사회적으로 나타나는 '비간섭성', 즉 '비일관성'의 원천이다.

개인적인 의미는 그것이 고정되는 순간 일관성을 잃기 시작한다. 이런 비일관성은 과거에 고정된 의미가 현재 상황에 적용되는 순간에 증폭된다. 이런 상황이 지속되면 어제의 '의미'가 오늘의 '도그마'가 되고, 그런 과정에서 원래의 풍부하던 의미가 대부분 상실되고 만다. 이런 상황이 집단적으로 일어나면 실체가 없는 허깨비가 사회를 지배하게 된다. 과거의 공허한 신화와 통념이 현재에도 신성한 진리로 간주되면서 사회를 지배하고 끊임없이 비일관성을 야기하게 되는 것이다. 이런 현상은 사회 전반에 걸친 비일관성으로 이어진다. 이로 인해 사람들은 서로 분리되고, 그들이 몸담고 살아가는 거대한 '현실'에서도 분리된 것처럼 사고하고 행동한다.

이런 비일관성을 손을 쓰지 않고 내버려두면 생각과 행동이 앞뒤가 맞지 않는 '불합리'로 발전한다. 이와 관련하여 봄은 누구 앞에서도 말을 하지 않는 정신 장애를 가진 여자아이를 치료하는 소아정신과 의사 이야기를 한다. 자꾸 말을 시키는 의사 때문에 감정이 폭발한 아이는 '선생님이 싫어서' 의사와도 말을 하지 않겠다고 선언한다. 의사가 얼마나 오랫동안 자기를 미워할 것이냐고 묻자 아이는 '영원히'라고 대답한다. 의사가 '얼마나 오랫동안 영원히 나를 싫어할 거냐'고 묻자 아이는 문득 자신의 행동이 '불합리하다'는 사실을 깨닫고 웃음을 터뜨렸다. 그와 함께 아이의 분노도 사라졌다.

하지만 문화 전체가 광범위하게 공유하는 불합리는 파악하기가 그리 쉽지 않다. 예를 들면 자원이 한정된 지구에서 물질적인 생산과 낭비 면에서 경제 성장이 영원히 계속되리라고, 치명적인 살상 무기가 늘어가는 상황에서 일방적인 접근법으로 국가 안보가 보장되리라고, 삶의 속도가 무한히 빨라지리라고 생각하는 것은 문화 전반에 걸친 불합리지만 깨닫고 시정하기가 쉽지 않다. 십 대 아이는 이런 현상을 이렇게 지적했다. "누구도 원치 않는 지점에 도달하기 위해서 점점 빨리 뛰어가는 사람들."

봄이 깨달은 핵심 문제를 달리 표현하자면 우리 인간은 변화하는 세상에서 더불어 사는 법을 알지 못한다는 것이다. 우리가 알고 있는 것은 과거의 진리에 입각하여 사는 방법뿐이다. 하지만 이런 상황은 필연적으로 특정 집단이 자신들의 진리를 다른 집단에 강요하는 상황을 야기한다. 타인과 다른 세력을 보며 이런 현상을 인식하기란 그리 어렵지 않다. 현대 민주 국가 타도를 외치는 광적인 '테러리스트'와 과격한 근본주의자들이 그런 행동을 하고 있다는 사실은 바로 알 수 있다. 하지만 민주 사회 내부의 근본주의자가 자신들이 믿는 진리가 유일하게 옳은 삶의 방식이라며 다른 사람에게 강요하는 경우는 어떤가? 이들의 행태와 테러리스트, 과격한 근본주의자의 경우는 어떻게 다른가? 봄은 자신들의 신념을 고집하면서 비일관성을 야기하는 태도가 현대 사회에 만연해 있다고 보았다.

이와 관련하여 봄은 세계적인 물리학자 앨버트 아인슈타인과 닐스 보어에 얽힌 가슴 아픈 일화를 이야기한다. 둘은 젊은 시절 끈끈한 우정을 쌓았지만 나중에는 서로 이야기조차 나눌 수 없는 그런 사이가 되었다. 봄은 그들이 이야기를 나눌 수 없었던 이유가 '말할 거리가 없었기 때문'이라고 설명한다. "두 사람 모두 자신의 의미가 진리라고 생각했기 때문에 둘은 어떤 의미도 공유할 수 없었다." 그렇게 명석한 사람도 융통성 없는 사고로 우를 범한다면 우리 같은 보통 사람은 과연 어떻겠는가?

반대로 '일관성 있는' 사고와 행동이 집단적으로 가능하려면 진정한 의미에서 '의미의 흐름'이 나타나야 한다. 의미의 흐름은 다양한 관점이 존재한다는 사실을 인정하고, 무조건 자기 관점을 고수하려는 태도를 버리는 데서 시작한다. 하지만 이런 '일관성 있는 상황'은 고정된 상태라기보다 일종의 삶의 방식이며, 봄은 그것이 결코 쉽지 않은 과제라는 사실도 잘 알고 있었다.

첫째, 과학자로서 봄은 현대 사회에 팽배한 '비일관성'이 현대인이 신성불가침으로 떠받드는 서구의 과학적 합리주의와 떼려야 뗄 수 없는 관계라는 사실을 간파했다. 물론 대부분의 개별 과학자는 맹목적이고 폐쇄적인 '근본주의'에 반대할 것이다. 하지만 사회 전체에서 과학계가 하는 역할을 보면 과학자들이 지지해온 개방성과는 상반되는 모습이 많이 보인다. 봄은 '어떤 의미에서 과학이 현대인의 종교가 되었다.'고 말한다. "인간에게 진리를 제시하는 과거 종교가 하던 역할을 지금은 과학이 대신하고 있다." 이런 지적인 근본주의는 우리 눈에는 좀체 보이지 않는다. 대다수 구성원이 공유하고 있고 우리가 추호도 의심하지 않는 문화적 가정에 깊이 침투해 있기 때문이다. 교육의 아주 초기 단계부터 우리는 과학자란 '사물이 실제로 돌아가는 방식을' 말해주는 사람이라고 배운다. 봄이 보기에 문제는 과학 자체가 아니라 현대 과학의 존재 방식에 기인한다. "과학자는 과학이 유일한 진리에 도달한다는 신념을 갖고 있다. 그래서 대화라는 개념이 현대 과학 구조에는 낯설고 이질적이다. 종교에 대화라는 개념이 낯설고 이질적인 것처럼." 봄은 '유일한 진리' 추구는 사람들을 결속시키기보다 분열시킬 소지가 높다고 보았다. 칠레의 인지생물학자 움베르토 마투라나Humberto Maturana는 이런 말을 했다. "다른 사람에게 무엇이 '진실'인가를 말하는 경우 그들은 사실 상대의 복종을 요구하고 있다. 자신에게는 진실을 보는 남다른 특권이 있다고 주장하는 것이나 마찬가지다."

봄에게 대화는 진리로 가는, 지금까지와 다른 길을 가는 사실상 진리의 다른 개념을 제시했다.

"의미가 전체적으로 일관성을 갖지 않는 한 우리는 진리에 도달하지 못한다."

보다 일관된 의미를 공유하는 한층 넓은 공간을 만들어내면 거기서 진정으로 새롭고 날카로운 통찰이 나오는데 구성원이 예상치 못한 결과일 때가 많다. 봄은 다음과 같이 강조했다.

"진리는 의견에서 나오는 것이 아니라 분명 다른 어떤 것, 아마도 암묵적인 정신의 보다 자유로운 활동에서 나온다."

봄의 말은 계속 이어진다.

"진리를 인식하려면, 즉 진리에 참여하려면 먼저 의미를 일관되게 만들어야 한다."

내가 보기에는 '진리에 참여한다'는 특이한 표현이 봄의 두 번째 근본적인 아이디어를 말해주지 않나 싶다. 이는 전체를 이해한다는 의미다. 환원주의자가 주도하는 과학은 분리된 사물 하나하나를 이해하고, 거기서 얻은 지식을 신기술처럼 새로운 뭔가를 창조하는 데 활용한다는 면에서 큰 강점을 지닌다. 하지만 이런 과학의 유효성은 대상을 분해하고 분리할 수 있느냐에 따라 좌우된다. 이런 방식은 분리된 사물이 아니라 전체와 만나면 효력을 잃고 기능에 문제를 일으킬 수 있다. 상호 의존성이 매우 높은 전체 상황을 이해하고, 거기에 맞는 효과적인 조치를 취해야 하는 경우에는 무력해질 수가 있는 것이다. 기술이 놀라우리만치 빠른 속도로 발전하는데도 인간의 공존이 점점 힘들어지는 이유가 바로 여기에 있다.

봄이 생각하는 근본적인 문제는 이렇다.

"전체가 너무 방대하다는 데에 문제가 있다. 사고로는 전체를 파악할 방법이 없다. 사고는 추상화된 것으로 제한적이고 한정되어 있기 때문이다."

유대인 실존주의 철학자 마르틴 부버Martin Buber는 추상화와 전체를 인식하는 것이 어떻게 다른가를 마치 시처럼 아름다운 비유를 통해 설명한다. 그에게는 누군가를 '그대'로 간주하는 것이 한 사람의 전체를 받아들인다는 의미였다.•

> 만약 내가 어떤 사람을 나의 '그대'로 마주본다면 ... 그는 많은 것 중에 하나가 아니며, 여러 가지 것으로 구성된 존재도 아니다 ... 따라서 이 사람은 '그He' 혹은 '그녀She'가 아니며, 다른 모든 '그' 혹은 '그녀'와 맞닿아 있는 존재가 아니다, ... 이웃 없이도 자체로 전체를 이루는 자, 그는 '그대'이

• M. Buber, I and Thou, translated by Ronald Gregor Smith, Scribner Classics, Simon & Schuster, New York : 2000, 23-4.

며 하늘을 가득 채우고 있는 자다.

선율은 음표로 이루어진 것이 아니고, 시는 단어로 이루어진 것이 아니고, 조상(彫像)은 선으로 이루어진 것이 아니다. 이를 전체로서 통일성이 사라지고 많은 조각으로 뿔뿔이 해체하려면 억지로 잡아당기고 끌어내야 한다. 내가 '그대'라고 부르는 사람도 마찬가지다. 나는 그에게서 머리 색깔, 말투, 선량함 등을 분리해낼 수 있다. 그런 분리된 상태를 원한다면 쉴 새 없이 그렇게 해줘야만 한다. 하지만 그렇게 할 때마다 그는 더 이상 '그대'가 아니다.

봄은 전체를 이해하는 방법은 추상 개념이 아니라 참여를 통해 얻어진다고 믿었다. "이런 상황에서는 기존과 다른 새로운 의식이 출현할 수 있는데 바로 참여하는 의식이다." 진정한 의미의 대화에서는 모든 구성원이 함께하며, 집단 내의 전체 의미를 나누어 가지고 거기에 참여한다. 봄이 경고하는 것처럼 그것은 반드시 즐겁고 유쾌한 경험만은 아니다. 우리가 살고 있는 사회를 보면 경이로운 아름다움이 있는가 하면 큰 고통도 있다. 무조건적인 사랑뿐만 아니라 깊은 분노가 공존한다. 전체에 참여한다 함은 이런 모든 것을 차별 없이 받아들인다는 뜻이다. 전체 안에 있는 특정 부분을 멀리하고 거리를 두면 진정한 의미에서 전체에 참여할 수 없다. 다시 추상적인 사고를 하고, 타인을 비판하고, 자기 생각만을 고집하는 그런 상태로 돌아간다. "저는 그런 사람 아닙니다." "그는 나쁜 사람이고 내가 좋은 사람입니다." "그녀는 상황을 모르지만 저는 압니다." 이런 식으로 말하는 사람 말이다.

진정한 대화를 만들어내고 보다 '일관성 있는' 암묵적 영역으로 들어가는 첫 번째 관문이 바로 여기에 있다. 진리에 참여하려면 자신이 전체의 일부라는 사실을 깨닫고 받아들여야 한다. 우리와 완전히 무관한 '선한 사람'도 '악한 사람'도 없다. 말하자면 우리는 모두 연결되어 있다. 현대 사회의 일원으로서 우리는 누구나 현재 상태를 만드는 데에 일조하고 있다. 그것이 우리가 가치 있다고 생각하는 것이든, 혐오하는 것이든.

시인 마야 안젤루Maya Angelou는 본인의 아픈 과거를 통해 개인적인 화해와 깨달음의 과정을 들려준다. 십 대 시절 그녀는 가족에게 성폭행을 당했다. 이런 과거를 궁극적으로 인정하고 극복하려면, 그런 행동으로 몰아간 성폭행범의 감정과 폭력성이 자신 안에도 존재한다는 사실을 깨닫고 인정해야 했다. 안젤루는 고대 로마에 노예로 끌려왔다가 결국 자유의 몸이 된 흑인, 테렌스 아파르Terence Afar의 말을 인용하는 것으로 이야기를 끝맺곤 한다. "나는 인간이다. 그러므로 인간과 관련된 것이라면 무엇도 나와 무관하지 않다." 진리에 참여하고 그것의 일부가 된다는 것은 바로 이런 의미다.

요컨대 데이비드 봄의 기본적인 목표는 예전과 다르고 실현 가능성이 높은 공생 방법을 찾는 것이었다. 봄은 상호 의존이 증가하는 세상에서 우리가 새로운 공존 방법을 찾지 못하면 필연적으로 갈등과 대립이 고조될 수밖에 없음을 잘 알고 있었다. 물리학자로서 봄은 의미가 끊임없이 펼쳐지는 '참여하는 우주'를 이해하는 데에 일생을 바쳤다. 인간으로서 봄은 현재의 위기가 '참여하는 우주'의 물리학적 이해를 인간 문제의 중심에 적용할 더없이 좋은 기회를 제공한다고 믿었다.

데이비드 봄을 낭만적인 이상주의자로 치부하기 쉽다. 자신의 평가에 따르면 그는 '내가 아는 한 아주 오래전에는 존재했을지도 모르지만 실제로 존재한 적이 없는 그런 종류의 문화를 꿈꾸는' 그런 사람이었다. 하지만 대화의 가능성과 어려움이라는 문제를 붙잡고 15년 동안 씨름했던 나의 경험은 데이비드 봄이라는 사람을 달리 보게 한다. 나는 오히려 그를 극단적인 현실주의자라고 부르고 싶다. 그는 현재 우리가 세계적으로 직면한 어려움이 인류 역사를 통틀어 일찍이 유례가 없었던 것이며, 우리의 존재 방식 자체에 혁명적인 변화가 일어나지 않고는 극복하지 못하리란 사실을 간파했다. 그가 말하는 존재 방식의 변화란 바로 '공존'이다.

MIT 학습조직협회

피터 센게

On Dialogue

대화란 무엇인가

1판 1쇄 발행 | 2021년 10월 7일
1판 2쇄 발행 | 2023년 9월 22일

지은이 | 데이비드 봄
옮긴이 | 강혜정
펴낸이 | 이동희
펴낸곳 | ㈜에이지이십일

출판등록 | 제2010-000249호(2004. 1. 20)
주소 | 서울시 마포구 성미산로 1길 5 202호 (03971)
이메일 | eiji2121@naver.com

ISBN 978-89-98342-66-1 (03300)